AF563809

LES CONGRÈS
OUVRIERS ET SOCIALISTES FRANÇAIS

PAR

LÉON BLUM

II

1886-1900

PARIS
SOCIÉTÉ NOUVELLE DE LIBRAIRIE ET D'ÉDITION
(LIBRAIRIE GEORGES BELLAIS)
RUE CUJAS, 17

1901

Tous droits réservés

561 (2)

SOCIÉTÉ NOUVELLE DE LIBRAIRIE ET D'ÉDITION

BIBLIOTHÈQUE SOCIALISTE

Nº 1. Maurice Lauzel. *Manuel du coopérateur socialiste.*
Nos 2, 3, 4. Émile Vandervelde. *Le collectivisme et l'évolution industrielle.*
Nº 5. Hubert Bourgin. *Proudhon*, avec portrait.
Nº 6. Léon Blum. *Les Congrès ouvriers et socialistes français.* — I, 1876-1885.
Nº 7. Léon Blum. *Les Congrès ouvriers et socialistes français.* — II, 1886-1900.

La **Bibliothèque socialiste**, dont la *Société Nouvelle de librairie et d'édition* entreprend la publication, comprend des œuvres de propagande et de doctrine, des études historiques et biographiques, des réimpressions et des traductions d'ouvrages socialistes importants, etc.

La **Bibliothèque socialiste** forme une série de volumes in-16 d'un format commode et d'une impression soignée.

La **Bibliothèque socialiste** *paraît par numéros de cent pages*, les œuvres étendues comprenant, s'il y a lieu, deux ou trois numéros (200 ou 300 pages).

Prix du numéro 0 fr. 50. Franco à domicile 0 fr. 60. Le numéro double 1 fr. ; franco 1 fr. 20. Le numéro triple 1 fr. 50 ; franco 1 fr. 80.

Il paraîtra au cours de l'année 1900-1901 (de novembre 1900 à juillet 1901) **douze numéros.**

Prix de souscription à la série de douze numéros : **Six francs franco.**

Prix pour les groupes, syndicats et coopératives socialistes : le numéro 0 fr. 35 ; franco 0 fr. 45. Le numéro double 0 fr. 70 ; franco 0 fr. 90. Le numéro triple 1 fr. 05 ; franco 1 fr. 35.

PARAITRONT MENSUELLEMENT :

Nº 8. — Lucien Herr. *La révolution sociale.*
Nos 9 et 10. — *Le manifeste communiste*, traduction nouvelle, préfacé et notes, par Charles Andler.
Etc., etc.

Majoration Temporaire 30 %
(Décision Syndicale)

BIBLIOTHÈQUE SOCIALISTE. N° 7.

LES CONGRÈS OUVRIERS ET SOCIALISTES FRANÇAIS

PAR

LÉON BLUM

II

1886-1900

PARIS
SOCIÉTÉ NOUVELLE DE LIBRAIRIE ET D'ÉDITION
(LIBRAIRIE GEORGES BELLAIS)
RUE CUJAS, 17

1901

Tous droits réservés

8° R
17152
(7)

LES CONGRÈS
OUVRIERS ET SOCIALISTES FRANÇAIS

ANNÉE 1886

CONGRÈS RÉGIONAL DE L'UNION FÉDÉRATIVE DU CENTRE, PARIS, 1886. — Le parti possibiliste, en 1886, ne tint pas de Congrès national. Mais la Fédération du Centre tint régulièrement son Congrès régional, du 20 au 27 juin, à Paris.

Comme nous l'avons vu, l'importance de ces Congrès régionaux du Centre croissait à chaque session. Et déjà il devenait manifeste que l'Union fédérative, en dépit de sa stricte discipline envers l'ensemble du parti, obéissait à une inspiration distincte. L'année précédente elle avait, d'elle-même, rédigé le nouveau programme électoral. En 1886, elle provoqua la création d'un nouvel organe économique, dont le rôle devait être particulièrement efficace : la Bourse du Travail.

Le Congrès décida, en effet, la création à Paris d'une Bourse centrale du Travail, avec des annexes dans tous les arrondissements, dont l'administration serait confiée exclusivement aux chambres syndicales ouvrières et aux groupes corporatifs librement fédérés.

Cette résolution venait à son tour marquer la tendance de la Fédération du Centre à diriger vers l'organisation économique la force vive de sa propagande. On peut rapprocher cette résolution de la décision du Congrès de Paris (1883), qui faisait une loi aux membres du parti d'entrer dans les organisations corporatives; on peut la rapprocher du programme réformiste si précis voté à Rennes. Enfin elle se relie à l'œuvre et aux résolutions du Congrès guesdiste de Roubaix. C'est que les partis avaient achevé leur œuvre d'organisation propre; leurs principes et leurs fins étaient désormais fixés. Et le travail continu de la propagande, l'action directe de chaque jour leur avaient fait sentir l'insuffisance d'une action purement politique, d'une propagande proprement théorique. C'est sur l'organisation économique que la fraction la plus active du parti possibiliste allait désormais concentrer ses efforts.

Sur ces entrefaites s'était réunie à Paris, au mois d'août 1886 (dans le but officiel d'organiser, pour l'Exposition de 1889, une exposition ouvrière), une conférence internationale où des délégués français, anglais, allemands, belges, autrichiens, australiens, délibérèrent sous la présidence du citoyen Chabert, possibiliste. La discussion la plus grave porta sur les moyens de régler, par une entente et une législation internationales, la question des salaires et les conditions générales du travail. De cette conférence naquit le projet d'un Congrès national des syndicats ouvriers. Le projet réussit, et le Congrès s'ouvrit à Lyon, dans la salle des Variétés, le 11 octobre 1886.

1er CONGRÈS DE LA FÉDÉRATION DES SYNDICATS, LYON, 1886. — Le Congrès de Lyon excita d'abord la méfiance des révolutionnaires, tout comme les Congrès ouvriers de 1876-77. Et, en effet, dans une certaine mesure, il les rappelait par sa tendance et par son programme. Mais l'expérience devait dissiper bientôt cette trompeuse analogie. Les temps avaient changé ; les circonstances étaient autres. Les congressistes de 1886 n'étaient pas, comme ceux de 1876, des syndicaux désabusés n'attendant rien de l'action politique ou de l'effort révolutionnaire. Ils cherchaient à organiser, en dehors de l'action politique, mais parallèlement avec elle, une action économique à laquelle ils se sentaient mieux adaptés, et qu'ils croyaient aussi plus efficace. Mais ils n'étaient plus coopérateurs ; ils étaient collectivistes. En même temps qu'ils travaillaient à la concentration syndicale, presque tous appartenaient à l'un des partis socialistes nationaux. Le progrès de la propagande socialiste était acquis, et ses effets n'appartenaient plus à personne. Cette organisation nouvelle pouvait donc être féconde, et elle le fut tant qu'elle opposa sa concentration à la dispersion excessive des partis, et son union à leurs luttes.

Le programme du Congrès de Lyon comprenait six articles :

1° Projet de fédération de tous les syndicats ouvriers.

2° Discussion de la loi sur les syndicats.

3° Étude du projet Lockroy (sur la prud'homie).

4° Utilité d'un Conseil supérieur du travail.

5° Heures de travail.

6° Rapports du capital et du travail.

C'était bien un programme de Congrès modéré. Et, en effet, les groupements modérés — qui, depuis le Congrès du Havre, avaient disparu des Congrès ouvriers — firent tous leurs efforts, aidés en cela par les subventions officielles, pour accaparer le Congrès de Lyon à leur profit. Mais c'était un effort perdu d'avance. Il ne dépendait plus d'eux d'annuler l'œuvre accomplie depuis dix ans.

Les modérés soutinrent qu'il n'était pas possible de réunir en une fédération unique la masse hétérogène des syndicats. Mais la majorité rejeta cette opinion trop prudente. Ce n'était pas une action économique immédiate que les ouvriers attendaient alors des syndicats, mais un effort concerté d'organisation et de recrutement. Il s'agissait, avant tout, de concentrer les forces prolétariennes. Conformément à l'avis de sa commission, le Congrès vota la résolution suivante, qui créait la *Fédération nationale des syndicats* :

« Considérant qu'en face de la puissante organisation bourgeoise, faite sans et contre le prolétariat, il appartient non seulement à ce dernier, mais qu'il est de son devoir de créer, par tous les moyens possibles, des groupements et des organisations ouvrières pour les mettre en face de ceux de la bourgeoisie, à titre défensif, et, nous l'espérons, bientôt offensif;

» Considérant que toute organisation ouvrière qui n'est pas pénétrée du fait de la distinction des classes... ne peut être considérée comme faisant partie des diverses armées ouvrières marchant à la conquête de leurs droits :

» Il est créé une Fédération nationale. »

L'organisation comprenait : un conseil général, des conseils régionaux (par dix départements), des conseils locaux. Un Congrès devait se tenir chaque année dans une ville différente. Le siège du conseil général était la ville où s'était tenu le dernier Congrès national.

Chaque syndicat conservait « son autonomie pleine et entière pour tout ce qui concerne son administration ».

Des cinq autres questions portées au programme, la loi Waldeck-Rousseau sur les syndicats fit seule l'objet d'une longue discussion. Par une grosse majorité, le Congrès refusa de l'admettre. Sur la cinquième question, le Congrès vota la journée de huit heures; sur la dernière, il vota l'appropriation collective des moyens de production. Mais le Congrès avait dès le début accompli son œuvre capitale. Il avait créé une institution qui, certes, n'avait pas encore de forme bien définie, mais qui devait peu à peu compléter l'organisation des forces ouvrières en France.

L'assemblée se sépara, sur un discours chaleureux du citoyen Lavaud, aux cris de : Vive la révolution sociale ! On déchira les drapeaux tricolores pour en faire des drapeaux rouges.

En dépit des appréhensions premières, on avait donc pu voir qu'un Congrès corporatif n'était plus nécessairement un congrès modéré et opportuniste. C'est en quoi l'expérience de Lyon fut décisive. A comparer le Congrès de Lyon aux Congrès possibilistes contemporains, c'est à Rennes, par exemple, qu'on retrouverait le souvenir des anciennes réunions syndicales, c'est à Lyon qu'on retrouverait le ton, un peu oublié, des Congrès révolutionnaires. Non seulement le nouveau mouvement corporatif était lié au mouvement politique, mais il empruntait alors aux organisations rivales leurs éléments les plus actifs, leurs militants les plus énergiques. Dans leur évolution compliquée, les Congrès syndicaux devaient donc représenter désormais, au même titre que les groupements politiques, la véritable activité révolutionnaire du prolétariat.

ANNÉES 1887-1889

9e Congrès de la fédération des travailleurs socialistes, Charleville, 1887. — L'Union fédérative du Centre, qui, aux élections municipales de Paris, venait de faire entrer neuf de ses membres à l'Hôtel-de-Ville, avait tenu, au mois d'août, son congrès régional. Un Congrès national — le premier depuis 1884 — fut ouvert, peu de temps après, à Charleville. Il siégea du 2 au 8 octobre, mais réunit peu de délégués, appartenant d'ailleurs presque tous, comme Allemane, Faillet, Clément, à la fraction avancée du parti. Malgré l'opposition ou l'abstention de quelques groupes, le Congrès décida que la lutte électorale devait être menée avec des listes exclusivement ouvrières (les élections législatives se faisaient alors au scrutin de liste) et contre toutes les fractions bourgeoises.

2e congrès de la fédération des syndicats, Montluçon, 1887. — Dans la propagande syndicale, les guesdistes avaient donné l'exemple et pris l'avance. Il était donc naturel que leur influence s'exerçât dès le début sur la nouvelle organisation corporative : la Fédération des Syndicats.

Il avait été résolu à Lyon que le prochain Congrès de la Fédération siégerait à Montluçon. Le choix seul était significatif. En effet, sous l'influence d'un militant particulièrement actif, Dormoy, les groupes de Montluçon s'étaient depuis longtemps agrégés au Parti ouvrier. C'est sous la présidence de Dormoy que le Congrès s'ouvrit, le 23 octobre. Il siégea jusqu'au 28 de ce même mois. Les délégués n'étaient pas nombreux, environ une cinquantaine. Beaucoup d'entre eux appartenaient également au Parti ouvrier.

Le Congrès de Montluçon remania le règlement de la Fédération et supprima les conseils régionaux, rouage compliqué et inutile. Le Conseil national devait être désigné désormais par les syndicats de la ville où aurait siégé le Congrès. Ce système était emprunté au règlement du Parti ouvrier. Il pouvait conduire aisément à la fusion des deux organisations désormais alliées, ou tout au moins leur assurer une direction commune.

3° CONGRÈS DE L'UNION FÉDÉRATIVE DU CENTRE (Fédération des travailleurs socialistes), PARIS, 1888. — L'année 1888 marque la crise aiguë du mouvement boulangiste, qui ne fut pas sans apporter quelque trouble dans les groupements ouvriers. Mais, dans son ensemble, la Fédération des travailleurs socialistes s'était résolument mêlée à la lutte de la République contre la Dictature. Joffrin, membre du Comité national, aida à constituer la société des Droits de l'Homme (dite de la rue Cadet) qui tenta de concentrer, contre l'entreprise commune des réactions, toutes les forces démocratiques.

L'année 1888 ne vit pourtant qu'un congrès politique, et ce fut un congrès de région. Cette fois encore, malgré la gravité des circonstances, le Comité possibiliste devait manquer à la règle annuelle des congrès nationaux [1]. Cette fois encore, l'Union fédérative du Centre affirmait son activité distincte, continue, respectueuse de la constitution du Parti.

Le récent Congrès national de Charleville n'avait réuni que 76 groupes ; le 3e Congrès régional comprit 143 groupements, dont 95 corporations ouvrières. Il se tint à Paris du 17 au 26 juin 1888. Il discuta trois questions (que l'on retrouve à l'ordre du jour de presque tous les congrès possibilistes) : les services publics, la règlementation du travail et l'enseignement professionnel. Sur ces trois questions, particulièrement sur la dernière, les groupes présentèrent 90 rapports, presque tous brefs, sensés, pratiques. « L'ère des discussions théoriques est passée, dit le préambule. Aujourd'hui on sait ce qu'on veut, et vouloir c'est presque avoir. »

1. A la vérité, la Fédération des travailleurs socialistes avait, conformément à une décision du Congrès de Charleville, convoqué à Troyes son Congrès national. Mais, la plupart des groupements de Troyes appartenant au Parti ouvrier ou à la Fédération des syndicats, et le Comité national possibiliste n'ayant, à ce qu'il semble, apporté que peu d'activité à l'organisation de ce Congrès, il se trouva être, en réalité, un Congrès guesdiste. Il siégea du 23 au 30 décembre 1888, et ne prit place dans aucune série.

Le Congrès s'était ouvert par une allocution, chaleureusement applaudie, du citoyen Jean Allemane. Allemane définit la tactique politique de l'Union fédérative. Il insista sur la nécessité, pour les socialistes, d'agir en parti de classe, distinct de tous les autres partis politiques, afin d'obliger, « par leurs mises en demeure, la bourgeoisie à s'avouer vaincue, et à abandonner ses privilèges de caste pour marcher avec lui à l'affranchissement intégral des peuples ». — « La bourgeoisie, disait-il, en est arrivée à sa dernière nuance, à sa dernière espérance. Elle n'a plus qu'une chose à faire : ou reconnaître qu'elle est impuissante et se laisser convaincre qu'elle est réfractaire à tout progrès, ou marcher avec le peuple. »

Le Congrès vota, à l'issue de ses débats, un grand nombre de résolutions précises et motivées, portant sur les sujets les plus divers (impôts, halles et marchés, assistance publique, services publics gratuits et onéreux, etc.) Il adopta, à l'unanimité moins six voix, un amendement tendant à la suppression totale de l'héritage, aussi bien en ligne directe qu'en ligne collatérale ; sur la question de tactique, aucune résolution explicite n'intervint.

3e CONGRÈS DE LA FÉDÉRATION NATIONALE DES SYNDICATS, BORDEAUX-LE BOUSCAT, 1888. — Quelques mois plus tard, le 28 octobre, s'ouvrait à Bordeaux le troisième congrès de la Fédération des syndicats. 272 syndicats y étaient représentés. La plupart des délégués et les principaux orateurs du Congrès furent encore des guesdistes. L'action continue du Parti ouvrier français acquérait sur l'organisation nouvelle une prise de plus en plus forte. Un rapport de la commission entretint longuement les délégués d'une subvention promise, puis refusée par le ministère, et du rôle déplaisant qu'avait tenu dans cette affaire le député Édouard Lockroy. Puis l'Assemblée ouvrit ses débats. Le citoyen Boulé, président, proposa d'arborer préalablement le drapeau rouge. A l'unanimité, l'assemblée adopta cette motion, et aussitôt le drapeau révolutionnaire vint flotter sur la tribune. Intervint alors la police, qui, malgré les protestations du bureau et après une courte échauffourée, déclara la réunion dissoute.

Le maire du Bouscat (petite ville près de Bordeaux) offrit alors au Congrès l'hospitalité de sa mairie. Le Congrès y vint tenir sa session.

Il prit deux décisions importantes : il vota la grève générale ; il décida de convoquer à Paris, pour l'année suivante, un Congrès international.

Les débats sur la grève générale furent rapides, et sans ampleur. Cette idée si grave, et qui devait diviser plus tard si profondément les organisations corporatives et politiques, saisit d'une sorte d'enthousiasme les délégués du Bouscat. Ils décidèrent que c'était par la grève générale, non par la conquête des pouvoirs publics, que devait se réaliser la Révolution. Assurément cette idée n'était point conforme à la doctrine marxiste, moins encore à la doctrine guesdiste, et l'on pouvait prévoir déjà qu'une telle notion, jetée dans le mouvement révolutionnaire, ne pouvait qu'y provoquer des dissensions et de nouveaux schismes. Dès ce jour, l'alliance entre le Parti ouvrier et les syndicats fédérés devait apparaître comme précaire. Mais, au Bouscat, en l'absence des chefs politiques du Parti ouvrier, nul ne posa la question, qu'on put croire ensuite oubliée.

La résolution du Congrès était ainsi conçue :

« Considérant :

» Que la monopolisation des instruments de travail et des capitaux entre les mains patronales donne aux patrons une puissance qui diminue d'autant celle que la grève partielle mettait entre les mains des ouvriers ;

» Que le capital n'est rien s'il n'est mis en mouvement par le travail ;

» Qu'alors, en refusant le travail, les ouvriers anéantiraient d'un seul coup la puissance de leurs maîtres ;

» Considérant :

» Que la grève partielle ne peut être qu'un moyen d'agitation et d'organisation ;

» Le Congrès déclare :

» Que, seule, la grève générale, c'est-à-dire la cessation complète de tout travail, ou la Révolution, peut entraîner les travailleurs vers leur émancipation. »

***

Nous avons vu que le Congrès de Bordeaux

avait donné mandat au Comité fédéral d'organiser à Paris, pendant l'Exposition universelle, un congrès international ouvrier. La Fédération des syndicats, pour la préparation de ce Congrès, agit de concert avec le Parti ouvrier français, — auquel, se joignit également le Parti blanquiste (Comité révolutionnaire central). Le dernier Congrès international, tenu à Londres en 1888, avait en effet décidé que sa session suivante siégerait à Paris, en 1889. Mais il avait donné mandat d'organiser ce congrès à la Fédération des travailleurs socialistes. Une question grave se posa pour les socialistes français, et même pour tous les socialistes d'Europe. Y aurait-il à Paris un congrès unique, deux congrès distincts ?

Liebknecht provoqua une conférence de conciliation qui se tint à La Haye, en février 1889. Fort de son droit, le Comité national possibiliste refusa de s'y faire représenter. La conférence de La Haye maintint pourtant à la Fédération des travailleurs socialistes le mandat qu'elle avait reçu du Congrès de Londres, mais en lui demandant d'organiser le Congrès « d'accord avec les organisations ouvrières et socialistes de France ». Le Comité national s'y refusa. Deux Congrès s'ouvrirent donc simultanément au mois de juillet 1889, l'un rue de Lancry, organisé par la Fédération des travailleurs socialistes ; l'autre salle Pétrelle, organisé par le Parti ouvrier, le Comité révolutionnaire central, et la Fédération des syndicats.

A chacune de ces réunions, des motions de

conciliation, des propositions de fusion furent présentées. Elles échouèrent devant l'attitude du Congrès de la rue de Lancry, qui exigea que les mandats des délégués français de la salle Pétrelle fussent validés à nouveau par le Congrès unifié.

En même temps apparaissait un désaccord tactique, que la rapidité des événements recouvrit bientôt, mais qui, par lui-même, était grave. Tandis que la Fédération des travailleurs socialistes acceptait, pour les élections générales de 1889, l'alliance provisoire des républicains contre la formidable attaque boulangiste, les représentants du Parti ouvrier, du Comité révolutionnaire central et de la Fédération des syndicats lançaient, au mois d'août 1889, un manifeste d'une inspiration toute différente. Tout en déclarant que « la République est la forme politique nécessaire de l'affranchissement prolétarien ; qu'à tout prix elle doit être conservée », ils conseillaient aux socialistes de « laisser les divers partis bourgeois aux prises, sans se mêler autrement de cette lutte que pour les frapper l'un et l'autre ».

« Rappelons-nous, disait le manifeste, que si opportunistes, radicaux, cléricaux et boulangistes se disputent aujourd'hui à qui nous régira et nous pillera, ils ne faisaient qu'un en 1871 pour mitrailler, comme ils ne seront qu'un pour nous mitrailler nous-mêmes dès que nous tenterons de briser le joug des capitalistes. »

ANNÉE 1890

La scission entre la Fédération des travailleurs socialistes et le Parti ouvrier devenait donc, avec le temps, plus profonde. Cependant la fraction possibiliste elle-même entrait dans une crise dangereuse à laquelle ne devait pas survivre son unité. Dès longtemps des signes de dissension intérieure s'étaient manifestés dans le parti. Il était visible que, depuis plusieurs années, l'ensemble de la Fédération d'une part, la majorité de l'Union fédérative de l'autre, n'étaient plus animés du même esprit. Sans l'action politique vigoureuse qui avait uni tout le parti contre le boulangisme, il est vraisemblable que la division se fût déclarée plus tôt. Mais la victoire de la République aux élections générales de 1889 rendit le prolétariat à lui-même, et dès lors on vit se précipiter les événements. On put comprendre alors quelle faute avait commise le Comité national en interrompant la pratique régulière des Congrès généraux qui seuls eussent assuré au parti la force et l'unité de sa vie collective.

C'est en 1890 qu'éclata, par des actes graves et publics, la mésintelligence qui régnait entre la majorité du Comité national : Brousse, Lavy, Prudent-Dervillers, Paulard, et les membres les plus influents de l'Union fédérative : Allemane,

Faillet, J.-B. Clément, c'est-à-dire entre les éléments modérés et politiques, et les éléments plus activement révolutionnaires du Parti.

Il nous faut rappeler brièvement les causes, tactiques et théoriques, de ce différend. C'était tout d'abord l'attitude des élus. Les élections de 1887 avaient fait entrer à l'Hôtel-de-Ville Brousse, Joffrin, Paulard, Chabert, Lavy, en tout neuf conseillers possibilistes. Mais, selon Allemane et ses amis, « au lieu de faire profiter de l'autorité morale conquise la propagande révolutionnaire, les élus jugèrent plus efficace de s'accommoder avec les fractions bourgeoises. Ils n'entendirent pas les griefs de plus en plus accentués de certains groupes puissants, qui veulent moins de prépondérance dans la maison commune et plus de souci des revendications prolétariennes. » D'ailleurs, par une habile modification au règlement du Parti (abrogation de l'art. 21 au Congrès de Paris, 1883), les élus avaient envahi le Comité national « devenu un instrument de dictature tortueuse ayant pour objectif d'assurer la toute-puissance, à Paris, de certaines personnalités ».

En second lieu, on accusait le Comité national, satisfait de ses succès personnels à Paris, de n'apporter qu'une activité trop ralentie au développement et à l'activité intérieure du parti. « Le mouvement propagandiste est plus que négligé, les fédérations sont volontairement abandonnées, malgré les efforts opiniâtres des vrais militants, et finissent par disparaître une à une. »

On reprochait enfin au Comité de traiter avec quelque dédain les manifestations proprement ouvrières, de ne pas encourager, ou même de craindre l'efficacité révolutionnaire de l'agitation économique. Il avait méprisé « le bénéfice moral de la manifestation du 1er mai 1890 ». Une décision prise à cet égard par l'Union fédérative « avait été acceptée par le Comité national ostensiblement, puis repoussée par le Comité en délibération occulte ». C'était « le mépris des délibérations en commun, le commencement de la rupture ».

A ces désaccords d'ordre général étaient venus se mêler des froissements individuels qui les aggravèrent :

1° Allemane ayant fondé, au mois d'avril 1888, un journal quotidien, *Le Parti ouvrier*, alors que l'organe officiel du parti (*Le Prolétariat*, ancien *Prolétaire*) était hebdomadaire, Brousse avait refusé de collaborer au journal d'Allemane.

2° A la mort de Chabert, conseiller municipal du XIXe arrondissement, un désaccord s'était produit pour la désignation du candidat entre différents groupes du Parti. Les uns avaient désigné André Gély, soutenu par le Comité national, les autres Allemane, soutenu par l'Union fédérative.

3° Paul Brousse, vice-président du Conseil municipal, avait signé une proposition qui tendait à organiser une réception en l'honneur des officiers de deux bataillons d'infanterie de marine qui venaient prendre garnison à Paris. Or, les bataillons portant ces numéros avaient pris part, en mai 1871, à la répression de la Commune. Brousse avait été déféré de ce chef à l'Union fédérative et n'avait évité un blâme qu'à grand peine.

Ces questions de discipline devaient être soumises au Congrès national dont l'Union fédérative réclama, dès le commencement de 1890, la convocation. Depuis 1887, le Congrès n'avait pas été réuni. Le Comité national décida brusquement de le convoquer à Châtellerault pour le 3 octobre, sans le faire précéder, selon la coutume du parti, par un Congrès régional. Mais aussitôt l'Union fédérative lança un appel d'urgence, et, huit jours avant le Congrès de Châtellerault, le 1er octobre, s'ouvrit le Congrès régional.

10e CONGRÈS DE L'UNION FÉDÉRATIVE DU CENTRE, PARIS, 1890. — Le Congrès régional ne voulut statuer d'abord [1] que sur les affaires de discipline et sur le règlement du parti. Il affirma sa souveraineté, reconnue par les Congrès nationaux, et qui n'était limitée « que par l'obligation de respecter les titres et les considérants du programme ». Puis, par trois résolutions décisives, il trancha les questions qui divisaient le Parti.

Il décida qu'en cas de conflit sur les candidatures d'un même quartier, l'Union fédérative

1. Il se réunit à nouveau du 12 au 17 mars 1891 pour épuiser son ordre du jour.

était juge ; que l'article 9 du programme municipal (ainsi conçu : Le droit de révocabilité du mandataire sera confié au Comité qui a soutenu sa candidature, après consultation des électeurs) était abrogé, et que par suite le droit de révocation serait exercé par l'Union fédérative qui détiendrait les démissions, signées en blanc, des candidats ; qu'enfin les polémiques étaient interdites entre les journaux du Parti, « l'attaque et la virulence n'étant permises que contre les adversaires, sous peine de n'écrire qu'au profit des ennemis du parti ».

Le Congrès vota un blâme sévère à Dumay, député, et à six conseillers municipaux (dont Brousse et Lavy) pour avoir « commis un acte d'indiscipline en provoquant un antagonisme entre le corps électoral et le Parti, qui est seul responsable de leur élection ».

Il adopta plusieurs vœux. Aux termes de l'un d'eux, l'article 14 du règlement, relatif à la composition du Comité national, devait recevoir une rédaction nouvelle. Les Fédérations désormais y nommeraient un nombre de délégués, non plus égal, mais gradué selon le nombre de leurs groupes ; l'accès en serait interdit aux élus (ancien article 21). Les statuts du Parti comporteraient le droit de révocation permanent exercé sur tous les organismes du Parti, y compris le Comité national. Un autre vœu demanda que le journal d'Allemane, *Le Parti ouvrier,* devînt l'organe quotidien du Parti.

Enfin, le Congrès demanda, pour l'assemblée prochaine de Châtellerault, que seuls y fussent admis les délégués des groupes dont l'existence justifiée « remonterait à une date antérieure d'au moins trois mois ».

10° Congrès de la Fédération des travailleurs socialistes, Chatellerault, 1890. — Le Congrès de Châtellerault s'ouvrit le 9 octobre. Ainsi que la dernière décision du Congrès régional de Paris le faisait prévoir, c'est sur la vérification des pouvoirs que s'engagea la lutte décisive. La commission ayant refusé d'admettre les mandats des groupes des Ardennes — par le motif qu'ils étaient signés du secrétaire fédéral et non des secrétaires de groupes — les délégués allemanistes, mis en minorité, résolurent de se retirer. Clément, Faillet et les représentants de 43 groupes ou syndicats quittèrent le Congrès avec Allemane.

Le citoyen Paulard lut alors, au nom du Comité national, un rapport qui tendait à justifier les chefs du parti des reproches dirigés contre eux par les représentants des Ardennes et de l'Union fédérative. Le Comité national reconnaissait que la propagande avait été négligée. Mais il avait fallu défendre contre l'assaut boulangiste la constitution républicaine, seule garantie de l'émancipation sociale des travailleurs. Si le boulangisme avait été vaincu, n'était-ce pas surtout grâce à l'action résolue et unanime de la Fédération des travailleurs socialistes ?

Puis Brousse, Berthaut, Caumeau reprirent l'histoire des incidents qui avaient séparé d'eux Allemane et ses amis. La candidature qu'Allemane avait acceptée dans le XIXe contre André Gély lui avait été offerte par un groupe dissident, refusé à l'Union fédérative. Quant à la collaboration au *Parti ouvrier*, Brousse et Caumeau avaient dû s'en abstenir pour une raison politique et morale d'une gravité toute particulière. Et, en effet, Brousse affirma qu'Allemane avait été mêlé à des négociations louches, tendant à faire emploi, pour un journal socialiste, de fonds d'une origine suspecte [1].

Ces déclarations soulevèrent une agitation extrême, qui grandit encore quand on apprit, à la séance du 14 octobre, que l'imprimerie Allemane persistait à « détenir le matériel » du journal *Le Prolétariat.*

Passant aux résolutions, l'assemblée commença par réorganiser le Comité national, où, depuis le départ d'Allemane et de ses amis,

1. Plutôt que d'analyser le discours violent que prononça Paul Brousse, il vaut mieux reproduire les termes d'un article qu'il écrivait tout récemment à ce sujet (*Petite République* du 21 janvier 1901) : « De quoi s'agissait-il, en fin de compte, dit Brousse, dans l'affaire vite oubliée de Châtellerault? Le Parti ouvrier, alors uni, venait de montrer dans la bataille contre le général Boulanger toute sa puissance numérique, la merveilleuse solidité de sa discipline. Le pouvoir en prit ombrage, et, la bataille finie..., il résolut de susciter les divisions, de briser cette force qui l'inquiétait pour l'avenir. Par ses agents il fit jouer, miroiter l'amorce où se prennent si souvent les hommes politiques : la création d'un journal... L'accueil fut divers; le journal ne parut jamais, mais des querelles de personnes étaient allumées. Le but était atteint. Nous étions récompensés de notre collaboration au moment du danger. »

Il y eut certainement autre chose dans le conflit de Châtellerault que des querelles de personnes. Mais il est bon de rappeler, par la déclaration même de Brousse, que la question du journal procéda de manœuvres policières.

l'Union fédérative du Centre n'avait plus de représentants, et nomma un Comité national provisoire. L'article 9 du programme municipal, abrogé par le Congrès régional, fut maintenu. Enfin le Congrès approuva un projet de manifeste *aux électeurs de Paris* qui dénonçait les théories de l'Union fédérative comme césariennes et attentatoires à la souveraineté du suffrage universel. « Nos comités locaux, disait cette proclamation, veillent sur les mandataires, mais vous seuls avez le droit de révocation. Aujourd'hui la minorité autoritaire de notre parti veut confier à un Comité central le droit d'estampiller les candidats, de détenir la démission en blanc des élus, et de les révoquer sans devoir prendre votre avis. C'est une nouvelle forme du césarisme que nous pensions avoir terrassé. »

Enfin le Congrès vota la résolution suivante :

« En présence de la campagne d'injures et de calomnies menée par le sieur Allemane contre la majorité du Parti ouvrier, dans des réunions et dans son journal ;

» En présence de la confiscation accomplie par lui du journal *Le Prolétariat ;*

» En raison de la rupture du Parti ouvrier, rupture ourdie et menée à bonne fin par le sieur Allemane, avec la connivence des sieurs Clément et Faillet ;

» Le Congrès déclare ces trois hommes exclus du Parti, et prononce la même exclusion contre les groupes ou tout citoyen qui se rendraient leurs complices ;

» Il affirme que c'est en vain qu'on a trompé le public et qu'on a cherché à attiser la haine du Parti ouvrier contre des élus qui ont fait leur devoir à l'Hôtel-de-Ville de Paris et à la Chambre des députés ;

» Et les approuve d'avoir refusé de violer le mandat qu'ils tenaient des électeurs, et reconnaît qu'ils ont défendu les principes socialistes de notre Parti. »

*
* *

De leur côté, les délégués dissidents (auxquels on donna communément le nom d'*allemanistes*) tenaient, le 13 octobre, salle Favié, une réunion plénière en présence des délégués de la Fédération des Ardennes. « On annula les prétendues décisions de Châtellerault, et on mit en demeure les élus d'avoir à se prononcer sur la suppression de l'article 9 du programme et l'envoi de leur démission au Comité fédéral. » C'était, dit le compte-rendu, la condamnation irrémédiable de la conduite de la majorité du Comité national, la reprise de la tactique révolutionnaire et de la lutte des classes.

*
* *

La division de l'ancien parti possibiliste — broussistes d'une part, allemanistes de l'autre — était donc devenue définitive. Et pourtant l'on peut dire du Congrès de Châtellerault ce que nous avons dit du Congrès de Saint-Etienne : que la rupture eût été évitée aisément si elle n'avait été, de part et d'autre, désirée, voulue, préparée. L'existence des groupes des Ardennes, la bonne foi de Clément ne pouvaient assurément être mises en doute. Mais il est permis de supposer que, dans des circonstances différentes, l'élimination des délégués se fût faite en sens inverse et eût provoqué le même résultat. Le désaccord de l'Union fédérative et du Comité national n'avait cependant rien d'irrémédiable. Les incidents personnels, comme on le reconnut par la suite, avaient été grossis, dénaturés ; la confiance et la bonne volonté réciproques les eussent facilement réduits à leur portée juste — qui était, en somme, négligeable. Mais la Fédération avait obéi à la loi d'évolution intérieure qui, dans le même parti, en dépit de l'accord préalable, de l'action commune, sépare nécessairement les éléments modérés et les éléments avancés, les tempéraments politiques et les tempéraments révolutionnaires. La Fédération, comme tous les Partis, avait subi cette loi inévitable, qui d'ailleurs eût laissé subsister l'unité d'un groupement actif et fort, qui eût ajouté même à sa complexité et à sa vie. Mais la Fédération s'était organisée selon des règles trop vagues, trop mal définies; les événements, la faute aussi de ses chefs avaient détendu les ressorts de sa vie collective : son unité ne résista pas.

8e Congrès du parti ouvrier, Lille, 1890. — Ce Congrès ne siégea que deux jours : les 11 et 12 octobre 1890. Depuis six ans, le Parti ouvrier, tourné tout entier vers la propagande, n'avait pas tenu de Congrès national.

Après avoir constaté la présence de 67 délégués représentant 98 communes et 231 groupes et syndicats, le Congrès salua « les travailleurs d'Europe et d'Amérique qui, au nombre de plusieurs millions, avaient, le 1er mai précédent, manifesté l'Internationale nouvelle et leur volonté inébranlable d'imposer aux pouvoirs publics de la bourgeoisie la journée de huit heures... »

Il décida donc de renouveler le 1er mai 1891 la manifestation internationale de 1890, laquelle devait affecter, selon les diverses régions et communes, toutes les formes possibles d'agitation.

Il trancha, par une résolution motivée, la question de la grève générale. Et sur ce point le Congrès politique guesdiste affirmait un grave désaccord théorique avec le Congrès corporatif de Bordeaux. « La grève générale proprement dite, c'est-à-dire le refus concerté et simultané du travail par la totalité des travailleurs des diverses corporations, suppose et exige, pour aboutir, un état d'esprit socialiste et d'organisation ouvrière auquel n'est pas arrivé le prolétariat; sans quoi, si seulement la moitié de la classe ouvrière était dès aujourd'hui capable d'une action commune, la Révolution pourrait et devrait s'accomplir. »

Mais, par une double concession aux syndicaux, le Congrès se prononçait pour une grève internationale des mineurs, « la seule qui ne soit pas illusoire ou prématurée », et liait cette grève à l'adoption de la journée de huit heures.

Le Congrès de Lille remania le règlement constitutif du Parti. Les pouvoirs du Conseil national furent fortifiés et précisés. Il devait être élu désormais par le Congrès annuel, « et placé sous le contrôle des groupes existant dans la ville où il siège ».

Le Congrès de Lille fut clos le dimanche 12 octobre. Le lendemain, s'ouvrait, à Calais, le Congrès corporatif.

4e Congrès de la fédération des syndicats, calais, 1890. — Entre le Parti ouvrier et la Fédération des syndicats, c'était donc, semblait-il, non seulement l'alliance, mais la fusion et même la confusion. Les Congrès s'ouvrent immédiatement l'un après l'autre ; ils siègent dans des villes voisines ; la grande majorité des délégués (Delcluze, Pedron, Renard, Salembier, Roussel, etc.), leur sont communs. L'ordre du jour même est identique. Les résolutions concordent.

Le Congrès de Calais vota, au sujet de la manifestation du 1er mai et de la journée de huit heures, les mêmes résolutions que le Congrès de Lille. Et, fait plus important, même sur la grève générale le Congrès corporatif se rallia aux décisions du Congrès politique. Sans renoncer, par des considérants explicites ou théoriques, à la résolution de Bordeaux, il se contenta pourtant de voter la grève internationale des mineurs.

Il est probable que le Congrès des syndicats, venant après le Congrès du Parti ouvrier, avait dû hésiter devant la menace d'un désaccord aussi grave. Et d'ailleurs, étant donné la composition du Congrès de Calais, on peut penser que la majorité des délégués eussent voté, en tout état de cause, la résolution qui prévalut. Mais il n'en subsistait pas moins une contradiction, un peu enveloppée, mais profonde, entre la doctrine exprimée à Bordeaux et la résolution votée à Lille. Pour qu'elle apparût, il devait suffire d'un léger changement dans les circonstances, et cela suffit en effet.

ANNÉES 1891-1892

10° CONGRÈS DU PARTI OUVRIER SOCIALISTE RÉVOLUTIONNAIRE, PARIS, 1891. — Les allemanistes qui avaient réuni, en mars 1891, un Congrès régional, tinrent du 21 au 29 juin le Congrès national annuel.

183 groupes et chambres syndicales y étaient représentés, appartenant presque *tous* à l'Union fédérative du Centre (Paris et région parisienne) et à la Fédération des Ardennes. Un rapport préliminaire rappela les incidents de Châtellerault, constata la vitalité persistante du nouveau groupement, sa propagande déjà intense, servie par la sympathie des syndicats *provinciaux* « approuvant complètement notre ligne de conduite et l'anéantissement des personnalités ». Puis le Congrès entendit les rapports présentés par les groupes et trancha par ses résolutions les questions portées à l'ordre du jour.

Sur la deuxième question (rapports à établir entre les prolétariats agricole et industriel), il décida d'organiser une propagande immédiate à l'effet de gagner au socialisme le prolétariat agricole, et institua à cet effet un Comité d'action spécial.

Sur la troisième question, il émit le vœu « qu'une entente préalable ait lieu avec les socialistes des autres nations, pour s'opposer à la guerre par l'abstention ou la révolte ; qu'en attendant la décision à intervenir, on s'accorde pour le 1er mai prochain à ajouter à la revendication des huit heures : *Suppression des armées permanentes* ».

Sur la quatrième question, la résolution votée, qui affirmait tout d'abord avec une netteté violente le principe et la tactique de la lutte de classes, envisageait l'action révolutionnaire à un double point de vue : politique et économique. Mais d'une part, l'action politique et même la conquête politique n'étant qu'un moyen de propagande, la présentation de candidats dans les élections ne devait être aussi considérée « que comme un moyen d'agitation en vue d'une fin qui doit rester rigoureusement révolutionnaire, sans préoccupation de satisfaction d'aucune ambition personnelle ». Et d'autre part, en ce qui touche l'action économique, le Congrès décidait que, « les groupements une fois généralisés dans une entente commune, la grève générale nationale et internationale doit être décrétée et pourra peut-être précipiter le dénouement par la Révolution sociale, but de nos efforts ».

Ainsi s'exprimaient à la fois l'ancienne ardeur révolutionnaire et la tactique nouvelle du parti. Le caractère essentiel de cette tactique, c'était de poser comme inséparables l'action politique et l'action économique, et même de subordonner l'action politique au groupement économique. Le règlement du Parti, voté par le

Congrès dans sa dernière séance, rendit plus manifeste encore cette tendance qui devait bientôt rapprocher du parti allemaniste les groupements purement syndicaux. Le Parti ne se bornait pas à « conseiller » à ses membres d'entrer dans les organisations corporatives; ils étaient *tenus* d'appartenir au syndicat de leur corporation, et d'en créer s'il n'en existait pas. Les organisations du Parti étaient tenues de ne désigner comme orateurs et comme candidats que des membres syndiqués.

Quant à l'organisation intérieure du Parti, elle poussait à sa dernière limite le fédéralisme et l'autonomie. L'organe central (dit secrétariat général), issu des Fédérations, avait pour unique objet la correspondance et la constitution en province des groupes nouveaux. Les élus et les patrons ne pouvaient en faire partie. Ses membres étaient toujours révocables. Sa mission n'était qu'administrative. Il avait, à proprement parler, l'administration de la propagande à laquelle les élus et « les camarades disponibles » devaient obligatoirement se consacrer. Le programme du Parti était maintenu, hors quelques modifications. L'article 9, notamment, était modifié comme suit : La Fédération régionale et les Comités ou Groupes qui ont présenté la candidature de l'élu exerceront le droit de contrôle ou de révocation.

On se souvient que le Congrès de Paris (1884) avait remplacé par un nom nouveau : Fédération des travailleurs socialistes, le titre officiel du parti : Parti ouvrier socialiste *révolution-*

naire. Les allemanistes décidèrent que le titre ancien, devenu sous-titre, « reprendrait la place qu'il n'aurait jamais dû abandonner ». Dans la même pensée ils voulurent aussi relier à la série des Congrès antérieurs la série nouvelle qui s'ouvrait dans l'histoire des assemblées socialistes. En exceptant Châtellerault, la dernière session nationale, celle de Charleville, avait été la neuvième. Le Congrès tenu à Paris en 1891 devint donc le dixième du Parti ouvrier socialiste révolutionnaire.

9e CONGRÈS DU PARTI OUVRIER, LYON, 1891. — Ce Congrès se tint du 26 au 28 novembre 1891.

Avant d'aborder son ordre du jour, il salua les mineurs en grève du Pas-de-Calais, voua à l'exécration des travailleurs « un gouvernement prétendu républicain qui, après les avoir fusillés à Fourmies, se prépare à les affamer par ses droits sur le blé, le pain, la viande, le café et le sucre », et dénonça l'alliance russe « comme une duperie, un péril et un crime ».

Conformément à une décision du Congrès international de Bruxelles (août 91), il ratifia le projet d'organisation pour la France d'un secrétariat national du travail. Puis il vota la résolution suivante : « Le Congrès est heureux de constater le rapprochement qui s'est opéré à Bruxelles et à Lyon entre toutes les forces socialistes françaises. Et il fait des vœux pour la constitution la plus rapide possible d'un Parti ouvrier unique embrassant définitivement tout le prolétariat français organisé. » — Ainsi l'excès même de la division avait fait naître et faisait croître l'espérance de l'unité.

C'est à Lyon que fut voté, en 14 articles, le programme municipal du Parti, c'est-à-dire l'énoncé « des revendications immédiates, rentrant dans la compétence du pouvoir communal ».

En 1891 et en 1892, la Fédération des syndicats, qui avait été représentée à Bruxelles, ne tint pas son Congrès annuel.

1er CONGRÈS DE LA FÉDÉRATION DES BOURSES, SAINT-ÉTIENNE, 1892. — Depuis qu'elle avait accepté ouvertement la direction du Parti ouvrier, la Fédération des syndicats avait mécontenté un certain nombre d'organisations ouvrières. En 1892, un certain nombre de syndicats conçurent donc le projet d'établir entre eux un nouvel organe central. Ils tentèrent d'utiliser à cet effet une institution relativement récente : les Bourses du travail.

Une Bourse du travail avait été établie à Paris en 1887, et cet exemple avait été suivi à Nîmes la même année, en 1888 à Marseille, en 1889 à Saint-Étienne et Toulon, en 1890 à Béziers, Bordeaux, Montpellier, Toulouse, etc. Dès l'abord, ces institutions nouvelles, fortes de l'appui et des subventions des municipalités, avaient contribué au développement des syndicats, qui, de plus, avaient dû s'entendre et s'unir pour la création et l'administration commune des Bourses. Les Bourses du travail étant ainsi, par elles-mêmes, des fédérations locales de syndicats, il ne restait plus qu'à fédérer les Bourses entre elles. Cette organisation devait être économique pour les Syndicats qui, acquittant déjà leurs cotisations aux Bourses, n'auraient à supporter pour la Fédération aucune dépense supplémentaire. Elle avait chance de réussir dans la tâche où la Fédération des syndicats avait en grande partie échoué : établir entre chaque syndicat et la direction fédérale un lien réel, des rapports suivis et utiles.

Il existait, en 1892, quatorze Bourses du travail. Dix d'entre elles se réunirent à Saint-Étienne le 13 février 1892 et constituèrent la Fédération nationale des Bourses du travail, dans le but « d'unifier et de faire aboutir les revendications des Syndicats ouvriers ; d'étendre et de propager l'action des *Bourses du travail* dans les centres industriels et agricoles... » Le Comité fédéral, formé d'un délégué par Bourse, siégerait dans la même ville que le secrétariat national du travail [1]. Un Congrès devait se tenir chaque année. Il était entendu pourtant, sur la demande du délégué de Lyon, que l'organisation nouvelle ne gênerait en rien le fonctionnement de la Fédération des syndicats.

10e CONGRÈS DE LA FÉDÉRATION DES TRAVAILLEURS SOCIALISTES, PARIS, 1892. — Ce Congrès

1. Ce secrétariat, constitué en exécution d'une décision du Congrès international de Bruxelles (1891), fonctionna obscurément jusqu'en 1896. Sa seule publication fut un rapport sur le chômage rédigé par le citoyen Renou.

se tint à Paris, du 3 au 10 juillet 1892, et se borna à étudier un certain nombre de questions d'hygiène ouvrière.

5e CONGRÈS DE LA FÉDÉRATION DES SYNDICATS, MARSEILLE, 1892. — Un très grand nombre de Syndicats y furent représentés (plus de 500). A côté des délégués syndicaux siégeaient les principaux membres du Parti ouvrier : Guesde, Lafargue, Carnaud, Roussel, Dormoy, Delcluze ; Liebknecht et Anseele y assistèrent. A l'ordre du jour du Congrès figurait de nouveau la grève générale.

Et en effet, l'idée de la grève générale, si neuve dans les milieux corporatifs, y avait fait des conquêtes singulièrement rapides. Elle exerçait sur les Syndicats une attraction toute naturelle et légitime, puisqu'elle représentait précisément la seule forme de révolution sociale qui parût dépendre de leur seule volonté. Mais au contraire, les chefs du Parti ouvrier étaient, en théorie, opposés au principe de la grève générale, et ils considéraient aussi sa propagande comme une faute politique, comme une tactique illusoire et décevante qui détournerait des vrais chemins révolutionnaires l'énergie du prolétariat. Ils avaient obtenu déjà de leur Congrès politique la condamnation de la grève générale ; ils l'eussent obtenue encore. Mais c'est probablement à dessein qu'ils voulurent la demander d'abord au Congrès corporatif. Ils attendirent de lui une sorte de renonciation solennelle à la résolution votée à Bordeaux, confirmée tacitement à Calais.

———

Cette conduite échoua : il arriva que beaucoup de membres du Parti ouvrier lui-même se sentirent gagnés à la tactique de la grève générale, laquelle trouva, en la personne d'un militant nouveau dans le parti, Aristide Briand, un défenseur éloquent et redoutable. Les conclusions du rapport Briand furent finalement votées. Le Congrès, « considérant que parmi les moyens légaux, inconsciemment mis à la disposition des travailleurs, il en est un qui, habilement et pratiquement interprété, doit assurer la transformation économique », vota le principe de la grève générale, confia son étude et sa propagande aux Fédérations des Syndicats et des Bourses, et décida que le 1er Mai « devait être une date de consultation mondiale de tous les travailleurs sur le principe de la grève universelle ».

Le Congrès de la Fédération des syndicats fut clos le 23 septembre. Le lendemain, 24, s'ouvrit le 10e Congrès du Parti ouvrier français.

10e CONGRÈS DU PARTI OUVRIER, MARSEILLE, 1892. — Qu'allait faire le Parti ouvrier ? Revenir sur ses décisions antérieures, désavouer la théorie essentielle de son programme, c'est-à-dire la Révolution par la conquête des pouvoirs publics ? Ou bien entrer en opposition ouverte avec la Fédération des syndicats ?

En fait, le Congrès politique de Marseille tenta d'écarter la question, de laisser les choses en l'état. Dans le protocole officiel, on ne trouve pas la moindre allusion à la grève générale. Le débat fut tranché par le vote de l'ordre du jour pur et simple [1].

Puis le Congrès vota une résolution sur la future manifestation du 1er Mai 1893, envoya des encouragements aux grévistes du Pas-de-Calais et de Carmaux, adopta, pour le renouvellement législatif de 1893, un programme agricole de réformes immédiates [2], décida qu'aux élections le Parti engagerait la lutte dans toutes les circonscriptions où il comptait des groupes et « qu'au cas où, par endroits, des coalitions s'imposeraient, les candidats du Parti seraient tenus à rester sur le terrain de la lutte de classe, et d'arborer le programme général et le titre du Parti ».

Ainsi la contradiction restait latente. Mais elle était trop grave, et devait éclater un jour. Dès le Congrès de Marseille, on pouvait prévoir qu'elle provoquerait ou bien la rupture entre la Fédération des syndicats et le Parti ouvrier, ou bien un schisme intérieur dans l'une des deux organisations. Mais grâce à son activité, à sa force de cohésion, le Parti ouvrier

1. M. Finance, dans la publication de l'Office du travail sur *Les Associations professionnelles ouvrières*, donne (I. 262) les chiffres suivants : 44 voix contre 26 sur 128 présents. Ces chiffres tendraient à prouver à quel point le Parti ouvrier lui-même était divisé sur cette question.

2. On sait que ce programme en 14 articles, destiné à « rallier au socialisme les travailleurs des champs », ne visait que des réformes de détail : minimum de salaires, prud'hommes agricoles, inaliénabilité des terrains communaux et leur exploitation en commun par des familles usufruitières, caisses de retraites, etc., et ne faisait aucune mention explicite de l'appropriation collective du sol.

devait rester uni : ce fut la Fédération des syndicaux qui se dissocia bientôt. Une autre Fédération syndicale était prête à recevoir les dissidents : la Fédération des Bourses. Un autre parti politique existait qui avait admis, voté la grève générale, qui, par sa composition et sa tactique, se rapprochait des syndicaux : le parti allemaniste. C'est vers eux qu'allaient refluer les groupements corporatifs partisans de la grève générale.

11ᵉ CONGRÈS NATIONAL DU PARTI OUVRIER SOCIALISTE RÉVOLUTIONNAIRE, SAINT-QUENTIN, 1892. — Les allemanistes avaient tenu à Paris, du 21 août au 11 septembre, un Congrès régional. Leur Congrès national s'ouvrit à Saint-Quentin, le 2 octobre.

Les débats de Saint-Quentin révélèrent les mêmes caractères et manifestèrent les mêmes tendances que les débats du précédent Congrès de Paris. « La loi de 1884 est mauvaise, dit l'un des rapports. Cependant nous devons constater que, depuis ce moment, une grande poussée en faveur du groupement a eu lieu dans le monde prolétarien. » Il s'agissait donc de multiplier les syndicats, puis de les grouper. Or, de concert avec les Fédérations de métiers, les Bourses du travail constituaient « l'organisme matériel et le complément indispensable pour parachever et régulariser l'organisation syndicale ouvrière ». Le Congrès émettait donc le vœu qu'il en fût créé dans toutes les villes. Et, d'autre part, « ce qui pouvait donner aux Bourses une grande force morale et aider dans une large mesure à faire prévaloir les revendications ouvrières, c'était la Fédération des Bourses du travail ».

Le Congrès délibéra sur une question qui avait été également discutée au Congrès de Marseille : la propagande dans les milieux agricoles. Les élections générales toute prochaines donnaient à ce débat un caractère de grave actualité. Le Congrès le résolut par la création de Syndicats agricoles qui seraient organisés par les Bourses du travail, tandis que, parallèlement, le Parti chercherait à organiser dans les communes rurales des Cercles d'études sociales et d'action politique.

Dans chaque question traitée par le Congrès on retrouverait ces mêmes conceptions. Ainsi, le rapport sur la quatrième question (De la Révolution et des mesures immédiates pour en assurer le succès) assignait aux corporations ouvrières le rôle que, dans leur Congrès de Roubaix, les guesdistes avaient attribué aux groupes du Parti ouvrier.

Enfin le Congrès renouvela ses résolutions de Paris sur la grève générale, et il le fit en termes plus formels encore et plus décisifs. Il affirma à nouveau « la possibilité d'une action révolutionnaire autre que celle résultant de *la protestation électorale* ». Il assigna la grève générale comme but dernier aux groupements syndicaux et politiques. D'ailleurs, l'affirmation des théories collectivistes en période électorale allait rendre plus difficile la conquête des pouvoirs publics. Et puis c'était quitter « le domaine trop parlementaire, briser avec les vieilles coutumes et, d'un parti de tactique, devenir un parti d'action révolutionnaire ».

C'est au Congrès de Saint-Quentin que fut voté le programme législatif du parti : il rappelait à la fois les articles du Havre et les considérants de Saint-Etienne, mais avec des modifications instructives.

Le Parti décida d'engager la lutte aux élections de 1893 dans le plus grand nombre possible de circonscriptions. Contrairement à la décision prise par le Parti ouvrier à Marseille, aucune alliance ne devait être conclue, même au second tour. Le Congrès rappela que les élus n'étaient dans les assemblées que des mandataires du parti, chargés de formuler en son nom « des mises en demeure ».

Un incident se produisit qu'il faut noter. Le groupe socialiste d'Auxerre transmit une proposition demandant « que le Congrès de Saint-Quentin mît à l'étude la possibilité d'un seul Congrès socialiste où toutes les écoles seraient représentées ». Le Congrès ne répondit pas par une résolution explicite. Mais on annonça que la Bourse du travail de Paris avait l'intention de convoquer pour l'année suivante à un Congrès unique tous les groupes corporatifs. Le Congrès se borna à décider qu'il ne siégerait pas en 1893, et demanda qu'à l'ordre du jour de la réunion de Paris figurât la grève générale.

ANNÉES 1893-94

2° CONGRÈS DE LA FÉDÉRATION DES BOURSES, TOULOUSE, 1893. — La Fédération des Bourses tint, le 12 février, à Toulouse, sa réunion administrative annuelle. La Bourse du travail de Paris demanda « l'autorisation de convoquer, vers le 14 juillet 1893, un Congrès national exclusivement corporatif ». Les Bourses représentées donnèrent leur adhésion unanime à ce projet qui devait assurer l'unification des forces ouvrières. La majorité décida, après un débat assez vif, que la réunion se tiendrait à Paris.

CONGRÈS NATIONAL CORPORATIF, PARIS, 1893[1]. — La Fédération des syndicats avait d'abord accueilli ce projet comme un acte de rivalité presque hostile. Mais quinze jours avant l'ouverture du Congrès projeté, le 6 juillet, M. Charles Dupuy, ministre de l'Intérieur, ferma par un coup de force la Bourse du travail de Paris. Le Congrès de Paris prit aussitôt le caratère d'une protestation contre la brutalité gouvernementale, et les Syndicats s'y firent représenter en grand nombre.

1. Il faut noter que ce Congrès, qui en réalité fut plutôt une conférence de conciliation, n'a pris place dans aucune série.

Comment unir les forces syndicales ? Le citoyen Groussier vint défendre la conception des Congrès allemanistes : les Bourses unies par leur Fédération, les unions de métiers réunies *par le Secrétariat du Travail. Au contraire*, le citoyen Sapin attaqua la Fédération des Bourses qui, dit-il, ne vivait que des subventions municipales. Mais les idées de conciliation dominèrent. Puisqu'il existait deux organisations distinctes, on voulut les fondre et les unir. Le Congrès décida donc la fusion de la Fédération des Bourses et de la Fédération des Syndicats. A cet effet, la Bourse du travail de Nantes « déjà mandatée pour organiser, en 1894, le Congrès qui devait faire suite à celui de Marseille, devait organiser également, et à la même époque, le deuxième Congrès national corporatif convoqué par la Fédération des Bourses ».

Puis, après avoir décrété l'unité, le Congrès prit la résolution qui devait la rendre impossible : il vota le principe de la grève générale.

11e CONGRÈS DU PARTI OUVRIER, PARIS, 1893. — Les 20 août et 3 septembre 1893, il fut procédé aux élections générales ; grâce à l'incessante propagande des divers partis socialistes, et, il faut le dire aussi, grâce à des circonstances exceptionnellement favorables (Panama, décomposition du boulangisme, grandes grèves), près de 50 socialistes pénétrèrent au Parlement.

Le Parti ouvrier tint à Paris, du 7 au 9 octobre 1893, un Congrès dont les élections législatives firent précisément les frais. Au même moment où se tentait l'union corporative, le succès imposait l'union politique. C'est pourquoi le Congrès de Paris adopta la résolution suivante :

« Le Parti ouvrier, qui a toujours été partisan de la plus large union socialiste, croit cette union plus nécessaire aujourd'hui que jamais.

» Le Congrès donne pleins pouvoirs au Conseil national pour faire dans ce but tous les efforts compatibles avec le programme et la raison d'être du parti. »

Le Congrès décida donc que les élus à la Chambre auraient à se constituer « en fraction parlementaire du Parti... ». Mais, en réalité, il se forma à la Chambre un groupe socialiste unique où entrèrent, à l'exception des allemanistes, *tous* les députés élus sur un programme socialiste. Un certain nombre d'entre eux d'ailleurs n'appartenaient à aucune des organisations actuellement existantes.

3° CONGRÈS DE LA FÉDÉRATION DES BOURSES, LYON, 1894. — *La Fédération des bourses* tint son troisième Congrès administratif à Lyon, du 25 au 27 juin 1894. Trente et une Bourses du travail y étaient représentées.

Le Congrès de Lyon émit un avis favorable à la proposition de loi Groussier tendant à la reconnaissance *des Bourses du travail comme* établissements d'utilité publique. Mais il s'occupa surtout de la préparation du Congrès de Nantes. Les délégués de la Bourse de Marseille vinrent exposer à ce sujet les griefs de la Fédération des syndicats. « Jamais, dirent-ils, la Fédération nationale des syndicats ne s'est immiscée dans les affaires de la Fédération des bourses ; de même qu'elle n'a jamais essayé de lui porter atteinte en quoi que ce soit. Pourquoi alors cette dernière a-t-elle fait adopter par les délégués au Congrès de Paris la tenue d'un Congrès de syndicats et de groupes corporatifs à Nantes en 1894 ? Ignorait-elle que le Congrès de Marseille avait donné à Nantes mandat d'organiser un Congrès pour la même année ? »

Assurément la Fédération des bourses ne l'ignorait pas. C'est à dessein, et pour que la fusion résultât en quelque sorte d'une nécessité matérielle, qu'elle avait lancé ses convocations. Mais les Congrès de la Fédération des syndicats ayant toujours été des congrès libres, ouverts à tous les groupements corporatifs, il fut décidé finalement que tous les syndicats sans distinction seraient invités à Nantes pour un Congrès unique et que les convocations, signées par la Fédération des syndicats, seraient contresignées par la Fédération des bourses.

12° CONGRÈS NATIONAL DU PARTI OUVRIER SOCIALISTE RÉVOLUTIONNAIRE, DIJON, 1894. — L'Union fédérative du Centre avait tenu son Congrès régional à Paris, du 29 mai au 20 mai 1894. Elle avait « rappelé au sentiment de leur dignité » les Syndicats qui, après la fermeture de la Bourse du travail de Paris, avaient cru devoir se soumettre aux prescriptions de la loi de 1884. Elle avait adopté, sur l'organisation de la société, au lendemain de la révolution, une résolution purement communiste : « La propriété individuelle est supprimée et rendue commune. La consommation est commune. » Elle avait, une fois de plus, délibéré sur la grève générale, ainsi définie : « La grève générale ne comprend que la suspension du travail pour tous les ouvriers de la mine et des industries qui en dépendent immédiatement, y compris le transport. » Elle avait affirmé « que le triomphe des revendications ouvrières n'est possible que dans l'action insurrectionnelle des travailleurs du monde entier, soutenant et fomentant une grève générale, entraînant toutes les volontés vers le même but ».

Le Parti tint son Congrès national à Dijon, du 14 au 22 juillet. Après un important débat sur la suppression des armées permanentes (question qui figure à l'ordre du jour de presque tous les Congrès allemanistes), après la lecture des rapports sur la propagande agricole, le Congrès délibéra à son tour sur la grève générale. A Nantes, dans quelques semaines, allaient se rencontrer les syndicats affiliés à la Fédération guesdiste et les syndicats rattachés à la Fédération des bourses. Le Congrès de Dijon traça d'avance le champ de bataille. Il demanda, sous forme de vœu, « que le Congrès de Nantes prît l'initiative de la tenue d'un Congrès international à Paris, en 1895, ayant pour ordre du jour unique : De la grève générale ». Au cas où le Congrès de Nantes repousserait cette motion, « le Parti ouvrier prendrait l'initiative de la convocation dudit Congrès ».

12e CONGRÈS DE LA FÉDÉRATION DES TRAVAILLEURS SOCIALISTES, TOURS, 1894. — Ce fut le douzième, et (sauf une conférence tenue à Paris le 29 avril 1899) le dernier Congrès de la fraction broussiste. Encore puissante à Paris, où quelques-uns de ses militants conservaient une forte influence électorale, la Fédération des travailleurs socialistes perdait peu à peu sa force de propagande et de rayonnement. Elle avait dû sa force et sa prospérité aux conditions mêmes de son origine : née de l'association ouvrière, elle avait été vraiment un parti ouvrier. Mais, depuis Châtellerault, il était manifeste que les groupements ouvriers les plus actifs s'étaient progressivement détachés d'elle, attirés soit vers des organisations politiques plus vivantes et plus hardiment révolutionnaires, soit vers le mouvement purement corporatif.

12e CONGRÈS DU PARTI OUVRIER FRANÇAIS, NANTES, 1894. — Les guesdistes avaient conservé la coutume de convoquer dans la même ville leur Congrès politique et le Congrès corporatif de la Fédération des syndicats. C'est donc à Nantes que se réunit, du 14 au 16 septembre, le douzième Congrès du Parti ouvrier, lequel prit à cette époque le nom de Parti ouvrier français. Mais, en raison de la gravité des circonstances, le Congrès politique s'ouvrit avant le Congrès syndical. Le désaccord, cette fois, pouvait être infiniment plus périlleux encore qu'à Marseille. En tranchant par de larges débats, par une résolution fortement motivée, la question de la grève générale, le Congrès de Nantes voulut fixer d'avance l'attitude de ceux de ses membres qui, quelques jours plus tard, devaient siéger au Congrès corporatif.

Parmi les délégués, outre les militants anciens du Parti ouvrier, figurait le citoyen Jaurès, député. Le Congrès vota tout d'abord des félicitations au Conseil national, « qui n'avait pas peu contribué à réaliser au Palais-Bourbon la plus large union socialiste ». Il confirma le programme agricole élaboré à Marseille, en le faisant précéder de considérants où on lisait notamment que « dans le domaine agricole, le moyen de production, qui est le sol, se trouvant encore sur bien des points possédé à titre individuel par les producteurs eux-mêmes.., si cet état de choses, caractérisé par la propriété paysanne, est fatalement appelé à disparaître, le socialisme n'a pas à précipiter cette disparition ». Puis il passa à la question brûlante de l'ordre du jour : le socialisme et les grèves.

Le Congrès se trouvait assurément dans une situation compliquée, presque inquiétante. Mais il n'essaya nullement d'en éluder la difficulté. Le Parti ouvrier maintint résolument son attitude hostile à la grève générale, il l'accentua même, et la fortifia, en votant une résolution d'une netteté et d'une précision remarquables, dont voici les passages décisifs :

« Le Parti ouvrier ne voit dans les grèves que les conséquences naturelles et nécessaires de la société capitaliste basée sur l'antagonisme des intérêts et des classes.

» *Le socialisme ne pousse pas aux grèves,* il ne les provoque pas, parce que, même là où elles viennent à aboutir, elles laissent subsister pour les travailleurs leur condition de prolétaires et de salariés. Mais il en tient compte comme d'un fait, lequel détermine sa conduite et ses devoirs.

» Nul ne saurait songer à interdire la grève aux travailleurs... Notre devoir est, au contraire, partout où le conflit se produit, de prendre la défense des grévistes. Moins nous sommes des *fauteurs de grèves,* plus nous devons nous porter au secours des travailleurs contraints à se refuser à un travail devenu intolérable.

» Instrument inégal et partiel de défense dans la présente société, à plus forte raison la grève ne saurait-elle être — même généralisée — l'outil de l'affranchissement ouvrier. Préparer la grève générale, ce serait conduire le prolétariat dans une impasse, le diviser, contre lui-même, en grévistes et non grévistes; ce serait immobiliser, dans la lutte pour la libération commune, les travailleurs des campagnes, et organiser nous-mêmes notre défaite.

» C'est sur le terrain politique que le prolétaire est l'égal du capitaliste, supérieur même au capitaliste, puisque les prolétaires sont le nombre. Ce n'est que par l'action politique, par la conquête du pouvoir politique, que les travailleurs organisés pourront s'émanciper. »

Le Congrès politique fut clos le 16 septembre. Le lendemain s'ouvrait le Congrès corporatif.

6e CONGRÈS DE LA FÉDÉRATION DES SYNDICATS, NANTES, 1894. — Un seul fait suffirait à prouver à quel point la grève générale agitait et passionnait les groupements corporatifs : 1,662 syndicats s'étaient fait représenter au Congrès de Nantes.

Les débats s'ouvrirent au milieu d'une extrême confusion. La vérification des mandats, les modes de votation occupèrent deux séances tumultueuses. Comme dans toutes les assemblées divisées, ces questions affectèrent aussitôt un caractère aigre et personnel. Voterait-on par délégués (il y en avait 143) ou par mandats, c'est-à-dire par syndicats ? Les guesdistes, et notamment le citoyen Lavigne, soutinrent le premier système, Mais, par 46 voix contre 45, le Congrès adopta la motion Pelloutier, aux termes de laquelle « les délégués auraient autant de voix que de mandats déposés ». Or, il avait été entendu que chaque syndicat acquitterait un droit d'entrée de 3 francs. Au début de la troisième séance, le citoyen Lavigne vint donc lire une protestation contre « un mode de votation qui ne permet pas de s'exprimer à la volonté corporative et remplace la souveraineté du travail par la souveraineté des gros sous ». Les protestataires demandaient que le Congrès revînt sur son vote de la veille, sans quoi ils se verraient obligés de se retirer. Les citoyens Briand et Poulain répondirent. « Si l'on veut la conciliation et l'union, dit Briand, il faut oublier ses préférences politiques ». Poulain déclara que si une partie des délégués se retiraient, les autres continueraient à délibérer. Finalement, le Conseil national de la Fédération des bourses demanda lui-même, dans un esprit de conciliation et « afin d'affirmer son mandat d'union des organisations ouvrières », que le Congrès renonçât au vote par mandats et admît le vote par délégués. Cette motion fut adoptée à l'unanimité. Le vote fut accueilli par de frénétiques applaudissements et aux cris de : Vive l'Union !

Le même jour, 18 septembre, commença la discussion sur la grève générale. Les citoyens Girard et Mathieu donnèrent lecture de leurs rapports. Puis Briand prit la parole : La grève générale, dit-il, a été votée à Marseille par esprit d'enthousiasme. Aujourd'hui on vous propose de la rejeter. Mais vous donne-t-on des arguments nouveaux ? Non, on attaque la formule de la grève générale parce qu'on ne considère que le résultat des grèves partielles, qui elles-mêmes auraient mieux réussi si elles avaient été généralisées. La grève générale n'en est pas moins un principe qui, par sa vertu propre, a accéléré la propagande, qui a fortifié la solidarité ouvière. On la considère comme utopique. Mais n'est-il pas tout aussi utopique d'espérer conquérir les pouvoirs publics par le bulletin de vote qu'on peut supprimer demain ? En tout cas, deux armes valent mieux qu'une. Je ne demande pas, dit Briand, d'en voter l'application immédiate; mais pourquoi vous refuser à en voter la formule; en avez-vous peur? Poulain parla dans le même sens. Chabot, du cercle typographique parisien, répondit le jour même; Deleluze, Roussel et Pedron, le lendemain. La grève générale, dirent-ils, n'est qu'une espérance, mais une espérance trompeuse, irréalisable. Dès à présent, elle divise les socialistes. Comment d'ailleurs l'organiser? N'est-il pas évident que son échec amènerait une réaction formidable, la division des prolétaires, la ruine irrémédiable de l'organisation syndicale? Il suffit d'une minorité bien organisée pour conquérir les pouvoirs publics, tandis que la chimère de la grève générale retarderait d'un siècle le but final. « Dès l'instant que l'on ne peut pas décréter la Révolution, comment ferez-vous pour décréter la grève générale? »

La séance du 19 septembre s'ouvrit au milieu d'un tumulte tel que le secrétaire dut renoncer à continuer le procès-verbal. Puis Lavigne vint reprendre et condenser les arguments déjà produits par ses amis. Il tira argument des grèves partielles que nous n'avons pas le *droit* de décréter, dit-il, et qui échouent. Il n'attribua le vote de Marseille qu'au talent personnel de Briand. Il déclara que la grève générale disloquait les Syndicats, créait l'hostilité entre la *France industrielle* et la *France agricole* « au moment où nous arrivons à amener à nous la France paysanne », divisait les socialistes en deux camps irrémédiablement ennemis « au moment où de plus en plus tous les pouvoirs élus sont en train de passer entre les mains du prolétariat organisé », — tout cela pour mener « à la provocation d'une révolution d'avance avortée ». Après une réplique de Briand, et malgré les protestations de la minorité, la clôture fut votée par 47 voix contre 43. Briand proposa, pour enlever à la minorité tout prétexte de scission, qu'on revînt encore sur ce vote. Mais l'assemblée le maintint formellement. Le lendemain la grève générale était votée, sur appel nominal, par 65 voix contre 37 et 9 abstentions.

Il est vraisemblable que la minorité ne chercha plus dès lors qu'une occasion pour quitter le Congrès. Un incident, fort insignifiant par lui-même, la lui fournit. Il s'agissait d'une réunion convoquée par le Conseil de la Fédération des Syndicats dans un local autre que la Bourse du travail. Des injures furent échangées. Un délégué, le citoyen Le Tessier, vint faire une profession de foi anarchiste. 16 membres de la minorité se retirèrent aussitôt.

Après leur départ, le Congrès votait la création d'un Conseil national ouvrier, réunissant les délégués des Fédérations des Syndicats et des Bourses et des Fédérations de Métiers. L'ancienne Fédération des Syndicats se trouvait ainsi divisée en deux fractions distinctes : l'une restée dans la dépendance du Parti ouvrier français, l'autre tombée dans la sphère d'attraction de la Fédération des Bourses.

ANNÉES 1895-98

4° CONGRÈS DE LA FÉDÉRATION DES BOURSES, NIMES, 1895. — Ce congrès se réunit à Nimes, du 9 au 12 juin 1895. Il annula la décision prise à Lyon l'année précédente, au sujet de la proposition Groussier (reconnaissance d'utilité publique des Bourses du travail). Mais les débats les plus graves portèrent sur le siège du Comité fédéral. Aux termes du règlement, il devait siéger dans la même ville que le secrétariat national du travail, c'est-à-dire, en fait, à Paris. Un certain nombre de Bourses demandèrent qu'à l'avenir le siège en fût transféré chaque année au siège même du Congrès.

Fédéralisme et centralisation, autonomie et organisation du travail, ce débat s'était présenté souvent dans l'histoire des Congrès socialistes. Des préoccupations politiques s'y mêlaient, quelques Bourses étant restées hostiles à la grève générale et fidèles à l'alliance guesdiste. Mais les considérations pratiques l'emportèrent cette fois encore : 17 Bourses contre 6 maintinrent à Paris le Comité fédéral.

Le Congrès de Nimes résolut enfin d'instituer une enquête sur un triple sujet : les bureaux de placement, le travail des prisons, les causes d'inapplication de la loi du 2 novembre 1892 (travail des enfants, des filles mineures et des femmes dans les établissements industriels).

13ᵉ CONGRÈS DU PARTI OUVRIER FRANÇAIS, ROMILLY, 1895. — Le Congrès de Romilly siégea du 8 au 11 septembre 1895. Il condamna, par une résolution motivée, la politique coloniale et se prononça « en faveur d'une loi rendant obligatoire pour tous les ouvriers d'un même métier — syndiqués ou non syndiqués — les décisions du syndicat en matière de tarif ou de salaires et en général pour toutes les conditions du travail ».

7ᵉ CONGRÈS DE LA FÉDÉRATION DES SYNDICATS, TROYES, 1895. — Deux jours après, le 13 septembre, se réunissait à Troyes le Congrès de la Fédération des Syndicats, ou plutôt de cette fraction de la Fédération des Syndicats qui, à Nantes, s'était prononcée contre la grève générale. L'œuvre accomplie à Nantes y fut systématiquement contredite. Le Congrès se prononça contre la fusion de la Fédération des Syndicats et de la Fédération des Bourses. A l'unanimité, il repoussa le principe de la grève générale.

Mais le Congrès de Troyes ne représentait plus qu'une minorité dans la Fédération des Syndicats. Et, par le fait même que cette minorité s'était prononcée à Nantes pour la conquête des pouvoirs publics par l'action politique, elle allait être conduite ainsi à s'incorporer au parti dont elle avait soutenu la tactique; elle allait perdre son caractère d'organisation corporative distincte pour se fondre dans le Parti ouvrier français. Cette évolution se manifesta à Troyes par deux résolutions significatives : la Fédération fit siens les programmes municipal et agricole élaborés par le Parti ouvrier français dans ses Congrès de Lyon, Marseille et Nantes. De ce jour, la fraction de la Fédération des Syndicats hostile à la grève générale n'eut plus, en tant qu'organisation corporative, qu'une existence toute nominale. Elle ne tint plus de Congrès distincts. Elle ne fut plus, sous un titre particulier, qu'une forme et un organe du Parti guesdiste.

7° CONGRÈS DE LA FÉDÉRATION DES SYNDICATS (PREMIER DE LA CONFÉDÉRATION DU TRAVAIL), LIMOGES, 1895. — Cependant les Syndicats qui avaient formé la majorité du Congrès tenaient à leur tour un Congrès national qui se réunit, le 23 septembre, à Limoges. La Fédération des Bourses l'appuyait de toute son autorité morale. Et, d'autre part, on y vit siéger quelques-uns des militants les plus connus du Parti ouvrier socialiste révolutionnaire : Allemane, Lavaud, Fabérot.

Ce fut une véritable constituante. Les débats, qui se prolongèrent jusqu'au 28 septembre, furent presque entièrement consacrés aux statuts de l'organisation unitaire que l'on voulait instituer. L'expérience d'une année avait suffi pour démontrer que le Comité national créé à Nantes n'avait établi, entre les différents groupements corporatifs, qu'un lien trop lâche, une unité presque nominale. Il s'agissait, à Limoges, non pas de forger un rouage nouveau, mais de créer une organisation nouvelle. Tous les délégués en reconnaissaient, en proclamaient la nécessité. Sur quelques points cependant la discussion fut des plus vives : la *Confédération générale du travail* admettrait-elle les Bourses du travail? Admettrait-elle les Syndicats participant à l'action politique, alors que l'action politique peut nuire au développement des Syndicats? Où siégerait-elle? Serait-elle chargée d'organiser la grève générale? — C'étaient, dans cette occasion nouvelle, les mêmes questions qui avaient rempli la vie des Congrès corporatifs.

Le Congrès vota finalement un texte constitutionnel très complet, créant « entre les divers Syndicats et groupements professionnels... une organisation unitaire et collective » qui prit le titre de Confédération générale du Travail. Les éléments constituant la Fédération devaient se tenir en dehors de toutes les écoles politiques. Elle comprenait à la fois les Syndicats et les Fédérations locales, départementales ou nationales de Syndicats, les Fédérations de métiers, les Bourses du travail et la Fédération des Bourses. Elle siégeait à Paris, mais les Congrès pouvaient toujours changer le siège de la Confédération. Elle était administrée par un Conseil composé des délégués élus directement par les organisations confédérées, et percevait de chaque organisation une cotisation mensuelle calculée d'après le nombre de ses membres. La

Confédération devait tenir chaque année un Congrès où seraient invités, confédérés ou non, tous les groupements syndicaux. Parmi les attributions du Conseil national figuraient notamment la propagande syndicale agricole (qui fit l'objet d'un intéressant débat) et la grève générale.

C'est ainsi que se constitua provisoirement la Confédération générale du travail : elle ne répondit pas aux espérances qu'elle avait fait concevoir. Mais il était certainement prématuré de chercher à unir dans une organisation collective l'ensemble des Syndicats, au lendemain même de la lutte qui les avait si gravement divisés. Il était téméraire de vouloir fondre dans une institution unitaire toute une série d'organisations (Fédérations de métiers, Unions locales et nationales), dont la plupart ne vivaient elles-mêmes que d'une existence chétive ou précaire. Après comme avant le Congrès de Limoges, les Bourses du travail restaient le lien réel, matériel entre les divers groupements corporatifs. Si l'on excepte quelques grandes Fédérations de métiers, la Fédération des Bourses restait encore le seul élément vraiment dense et cohérent de l'organisation nouvelle.

13e CONGRÈS DU PARTI OUVRIER SOCIALISTE RÉVOLUTIONNAIRE, PARIS, 1895. — Le parti allemaniste, qui avait tenu son Congrès régional à Paris, du 29 avril au 20 mai 1895, organisa, pour suppléer au 13e Congrès national, une conférence qui se réunit à Paris les 29 et 30 septembre. Elle était composée d'un délégué par Fédération et des délégués du secrétariat général. Son œuvre fut toute administrative. Elle régla, surtout au point de vue de la propagande, les rapports du secrétariat central et des secrétariats fédéraux.

*
* *

A mesure qu'avait grandi au Parlement le rôle des élus socialistes (devenus, sous le ministère Bourgeois, le pivot de la majorité républicaine), on avait perçu plus vivement la nécessité d'un programme commun, d'une action commune. Cet état d'esprit s'était manifesté, notamment, au mois de mai 1896, au cours de la conférence offerte, après les élections municipales, aux élus guesdistes, et surtout par le discours que le citoyen Millerand prononça au banquet de Saint-Mandé, qui réunissait des représentants de toutes les municipalités socialistes. On retrouvera l'effet de ces événements et de ces déclarations dans le Congrès guesdiste de Lille et dans le Congrès allemaniste de Paris.

14e CONGRÈS DU PARTI OUVRIER FRANÇAIS, LILLE, 1896. — Ce Congrès, qui siégea du 21 au 24 juillet 1896, décida que le Parti ouvrier français interviendrait « programme et drapeau déployés » dans les élections sénatoriales. Il adopta une résolution sur « la discipline électorale » et décida que, « partisan de la plus large union socialiste là où l'unité socialiste n'est pas encore accomplie, le Parti ne considère comme socialistes pouvant bénéficier de la discipline au deuxième tour de scrutin que les candidats qui poursuivent l'abolition du régime capitaliste au moyen de la conquête du pouvoir politique par le prolétariat, de la substitution de la propriété sociale à la propriété capitaliste, et de l'entente internationale des travailleurs ».

C'est au Congrès de Lille que fut élaboré le programme maritime du Parti.

5e CONGRÈS DE LA FÉDÉRATION DES BOURSES, TOURS, 1896. — Ce Congrès siégea du 9 au 12 septembre. L'attitude du Comité fédéral y fit l'objet de vives critiques formulées par les délégués de Lyon, de Grenoble et de Toulon. On reprochait notamment au Comité d'avoir refusé son appui à un appel de fonds adressé par la Bourse de Bordeaux et de s'être fait représenter au Congrès international de Londres (juillet 1896). Mais, en grande majorité, les délégués maintinrent au Comité leur confiance.

La proposition faite à Nîmes de déplacer chaque année le siège fédéral fut renouvelée, et repoussée à nouveau.

Le Congrès décida que les sociétés coopératives ne seraient pas admises dans la Fédération. Enfin, il délibéra sur la situation créée par les récentes décisions du Congrès corporatif de Limoges. La Fédération adhérerait-elle à la Confédération générale du travail, alors que les statuts de l'organisation nouvelle toléraient l'adhésion directe des Syndicats isolés et même des Bourses isolées ? Le Congrès résolut de subordonner son concours à une revision profonde des statuts de la Confédération ; il déclara n'y vouloir adhérer que « si elle était exclusivement composée des Comités fédéraux des Bourses du travail et des Unions nationales de métiers ».

8e CONGRÈS CORPORATIF (2e DE LA CONFÉDÉRATION DU TRAVAIL), TOURS, 1896. — Immédiatement après le Congrès de la Confédération des Bourses, le 14 septembre, se réunit le Congrès de la Confédération du travail. On entendit tout d'abord les rapports du secrétaire général et du trésorier. Il en résultait que la Confédération n'avait, dans sa première année d'existence, manifesté que « peu de vitalité ». La faute n'était-elle pas aux statuts eux-mêmes ? L'assemblée, à cet égard, paraît avoir été unanime, et sa première tâche fut de procéder à la revision des statuts. On le voit, la Confédération cédait amicalement aux exigences de la Fédération des Bourses. Mais cependant elle n'adopta pas dans son ensemble le plan proposé par les Bourses du travail. Il fut résolu, en effet, que l'on refuserait à l'avenir l'adhésion directe des Bourses, mais qu'on admettrait les Syndicats isolés, quand ils appartiendraient à des professions non constituées en professions de métier. Et les statuts remaniés continuèrent à prévoir l'adhésion des Fédérations locales ou nationales de syndicats de diverses professions. En revanche, malgré l'intervention des citoyens Fabérot et Guérard, on maintint dans ses termes l'article des statuts aux termes duquel « les éléments composant la Confédération se tiendraient en dehors de toute école politique ».

Puis un important débat s'engagea sur la grève générale, dont le principe, défendu par Fabérot, Guérard, Pommier, combattu par Rozier et Maynier, fut voté de nouveau à l'unanimité moins 4 voix [1].

14e CONGRÈS NATIONAL DU PARTI OUVRIER SOCIALISTE RÉVOLUTIONNAIRE, PARIS, 1896. — Le quatorzième Congrès régional, tenu à Paris en février 1896, et le quatorzième Congrès national, tenu à Paris les 24 et 25 septembre, furent surtout consacrés à une question de discipline. Les citoyens Berthaut et Faillet, conseillers municipaux, les citoyens Dejeante et Groussier, députés, ayant refusé de se conformer aux décisions de l'Union fédérative touchant la retenue à exercer sur les traitements des élus, furent, ainsi que les groupes qui s'étaient solidarisés avec eux, exclus du Parti [2]. La même exclusion fut prononcée contre

1. Depuis le Congrès de Londres, il régnait entre les éléments purement politiques et les éléments purement syndicaux du socialisme, une animosité assez vive qui se manifesta au Congrès de Tours. Notamment, le Congrès vota un blâme à *La Petite République*, « soi-disant journal officiel du socialisme, pour avoir volontairement oublié de faire part à ses lecteurs qu'un Congrès ouvrier existe en ce moment » et constata « une fois de plus que cet organe, qui se dit socialiste, continue son attitude antisyndicale ».

2. On sait que les citoyens Faillet, Groussier, Dejeante, après leur exclusion du parti allemaniste, constituèrent une organisation nouvelle : *l'alliance communiste*, qui se rattacha au Parti socialiste révolutionnaire.

le citoyen Meslier, candidat à Tonnerre, qui s'était au second tour désisté en faveur du candidat radical, et contre le citoyen Lagrange qui, « au mépris de la plus vulgaire dignité républicaine », s'était mêlé à la combinaison électorale connue sous le nom de *Pacte de Bordeaux*.

Le compte-rendu du Congrès contient, comme à l'ordinaire, de très nombreux rapports émanés des groupes sur les questions portées à l'ordre du jour (grève générale, instruction intégrale, armées permanentes). Le Congrès vota, en outre, une intéressante résolution sur les coopératives, rappelant que la coopération n'était qu'un *moyen* de parvenir à l'émancipation du prolétariat, mais invitant les travailleurs à pénétrer dans les sociétés de consommation et à introduire *l'esprit socialiste* dans les conditions du travail et dans la distribution des bénéfices. Par une autre résolution, le Congrès prit acte de tentatives vainement faites auprès « des autres écoles dites socialistes révolutionnaires » en vue de la réunion d'un Congrès politique unique et laissa aux Fédérations « le soin de chercher les points de contact tendant à établir une convention donnant toute garantie au Parti ».

*
* *

En raison des élections législatives qui devaient avoir lieu en 1898, la question des alliances tint encore une place importante dans les Congrès de l'année 1897.

15e CONGRÈS DU PARTI OUVRIER FRANÇAIS, PARIS, 1897. — Le Congrès siégea du 10 au 13 juillet. Il maintint les décisions antérieures du Parti « tendant tant à la nécessité d'affirmer au premier tour, partout où cela serait possible, le programme du Parti, qu'à l'attitude au second tour, qui est laissée à la liberté des groupes locaux et à l'Union socialiste ».

Le Congrès vota une résolution approuvant les coopératives de consommation « qui peuvent, entre des mains socialistes, fournir à la classe ouvrière des ressources et des munitions dans sa lutte pour son affranchissement ».

Enfin l'attitude du Parti ouvrier français vis-à-vis des syndicats fut déterminée par un texte important. Le Congrès proclama que l'organisation syndicale était à la fois un élément d'ordre pour le présent et un élément de révolution pour l'avenir. Mais en même temps, à l'encontre des Congrès corporatifs qui affirmaient leur éloignement de l'action politique, s'opposant au Parti ouvrier socialiste révolutionnaire qui dans son dernier Congrès avait à son tour nié l'efficacité révolutionnaire de la conquête des pouvoirs publics, le Parti ouvrier français déclarait « que, si l'organisation syndicale des deux classes ennemies engendre les conditions indispensables de la société socialiste, elle ne saurait l'instaurer par ses seules forces; que, pour une pareille œuvre, l'action politique est indispensable, ainsi que suffirait à le démontrer l'exemple du prolétariat anglais si puissamment organisé dans ses *trade-unions*, et plus éloigné peut-être qu'aucun autre prolétariat de la transformation sociale nécessaire, parce qu'il n'a pas su joindre à l'action corporative l'action politique ». De même qu'à son Congrès de Lille (1890) le Parti ouvrier français invitait tous ses membres à entrer dans les chambres syndicales de leurs corporations respectives, le Congrès de Paris rappelait donc aux syndiqués « que leur devoir est de se joindre au Parti ouvrier pour l'expropriation politique de la classe capitaliste qui doit précéder et peut seule permettre son expropriation économique ».

6° CONGRÈS DE LA FÉDÉRATION DES BOURSES, TOULOUSE, 1897. — 32 Bourses du travail se firent représenter à Toulouse du 15 au 18 septembre 1897. Le Congrès approuva le rapport du Comité fédéral. Cependant, le secrétaire fédéral ayant inséré dans son compte-rendu le membre de phrase suivant : « Tant que les travailleurs de cette région, n'ayant pas éprouvé l'impuissance de l'action politique... », le Congrès, par 17 voix contre 4, vota la suppression de ce passage, et invita le Comité fédéral à ne plus soulever d'incidents à ce sujet.

Au point de vue administratif, le Congrès décida que le Comité fédéral siégerait à Paris, mais non à la Bourse du travail. Puis l'éternel problème des rapports de la Fédération avec la Confédération du travail fut à nouveau discuté. Dans son Congrès de Tours, la Confédération n'avait cédé qu'à demi aux exigences des Bourses. Supprimerait-on la Fédération des Bourses en la fusionnant dans la Confédération telle qu'elle se trouvait constituée? Exigerait-on au contraire, pour s'affilier à la Confédération, qu'elle modifiât ses statuts de façon à exclure les syndicats isolés, à grouper seulement la Fédération des Bourses et les Unions de métiers? — C'est à ce dernier parti que s'arrêta le Congrès. La Confédération ne devait donc constituer qu'une sorte de groupement supérieur, « une Fédération des Fédérations », assurant l'unité morale et l'accord tactique entre des organisations distinctes, égales, qui conserveraient leur fonction et leur action. De cette résolution le Congrès tira une conséquence immédiate. Puisque les Fédérations locales ou régionales de syndicats se trouveraient ainsi exclues de la Confédération, à quoi les rattacher, sinon à la Fédération des Bourses? Il en fut ainsi décidé; — mais ces Fédérations devraient prendre le titre de Bourses du travail.

Au point de vue économique, le Congrès décida notamment la constitution de Syndicats agricoles et la création, par les Bourses du travail des ports, d'hôtels de marins (sailor's homes). Il mit à l'étude « le moyen d'établir un secours de route qui permette aux camarades syndiqués de se rendre de ville en ville pour se procurer du travail ». Il fut résolu que chaque Bourse dresserait un état mensuel des fluctuations du travail dans sa région, que cet état serait communiqué aux autres Bourses par l'intermédiaire du Comité fédéral, « de façon que l'excédent des travailleurs d'une localité pût être réparti immédiatement dans les localités où manqueraient les bras ».

9e CONGRÈS CORPORATIF (3e DE LA CONFÉDÉRATION DU TRAVAIL), TOULOUSE, 1897. — Aussitôt après la clôture du Congrès des Bourses, le 20 septembre, s'ouvrit le Congrès corporatif. Cette fois les conditions proposées par la Fédération furent presque entièrement acceptées. Aux termes des nouveaux statuts, la Confédération ne fut plus composée que de la Fédération des Bourses et des Fédérations nationales de métiers. Par exception on pouvait cependant admettre les Unions locales de métiers ou les Syndicats isolés appartenant à des professions non constituées en Fédérations nationales ou dont les Fédérations refuseraient d'adhérer à la Confédération. Le Comité confédéral était formé par la réunion du Comité fédéral des bourses et d'un Conseil national corporatif émanant des Unions nationales de métiers. La Confédération donnait ainsi leur unification dernière aux syndicats, préalablement groupés par les Bourses au point de vue de leurs rapports locaux, par les Unions de métiers au point de vue de leurs rapports professionnels.

15e CONGRÈS DU PARTI OUVRIER SOCIALISTE RÉVOLUTIONNAIRE, PARIS, 1897. — Ce Congrès siégea du 26 au 30 septembre 1897. La résolution du Congrès précédent, qui permettait aux Fédérations de contracter des alliances électorales, y fit l'objet de débats très partagés. Un certain nombre de groupes affirmèrent que le Parti attachait trop peu de prix à l'action politique. Le secrétariat affirmait au contraire « que la mesure avait été dépassée ». Finalement, le Congrès de Paris reprit et dépassa même l'attitude intransigeante des premières assemblées du Parti. Par une première résolution sur les pouvoirs publics, « le Congrès établit une distinction formelle entre l'action électorale et la conquête des pouvoirs publics ». L'action électorale constitue sans doute une propagande efficace. Mais en revanche « le Congrès ne croyait pas que les pouvoirs publics, c'est-à-dire une administration centrale politique non issue directement du suffrage des travailleurs, pussent accomplir la réforme sociale ». Par une seconde résolution sur les alliances électorales, le Congrès repoussait « toute alliance, union ou entente avec toute organisation politique et tous individus étrangers au Parti ouvrier socialiste révolutionnaire ». Les candidats devaient, au second tour, se désister purement et simplement. S'il était nécessaire de compléter des listes, on devait faire appel à des syndiqués ouvriers acceptant « la lutte de classe, le principe de la suppression de la propriété individuelle, la socialisation des moyens de production, l'internationalité ».

*
* *

16e CONGRÈS DU PARTI OUVRIER FRANÇAIS, MONTLUÇON, 1898. — En mai 1898 avaient eu lieu les élections générales ; les socialistes avaient consolidé et accru leur succès de 1893. Les différents partis, par la discipline expresse ou tacite qu'ils avaient réciproquement observée, avaient encore avancé l'heure de l'union. Et en effet, on vit se reconstituer à la Chambre un groupe « d'union socialiste ».

D'autre part, depuis la fin de 1897, la France était agitée, passionnée, divisée par l'affaire Dreyfus. Et, comme tous les partis politiques, le parti socialiste avait été surpris et troublé par le brusque déchaînement de cette affaire. Tandis que les amis d'Allemane, de Brousse, et les socialistes indépendants — particulièrement Jaurès et Gérault-Richard — intervenaient violemment dans la lutte, Guesde et Vaillant semblaient préconiser une attitude différente. A leur avis, « les prolétaires n'avaient rien à faire dans cette bataille qui n'était pas la leur... Ils n'avaient, du dehors, qu'à marquer les coups et à retourner contre l'ordre ou le désordre social les scandales d'un Panama militaire s'ajoutant aux scandales d'un Panama financier ».

Mais précisément de ce désaccord pratique des socialistes devant une crise aussi grave semblait résulter la nécessité d'une organisation unitaire, d'une représentation commune qui à tous les militants, à tous les groupes pût dicter la volonté unique du prolétariat. Dès ce jour, dans la presse, dans des réunions publiques, les socialistes indépendants entamèrent une campagne active pour l'unité. D'ailleurs n'allait-il pas être nécessaire d'opposer à tous les ennemis de la liberté coalisés contre la République, césariens et cléricaux, nationalistes et antisémites, la vigueur concertée de toutes les forces révolutionnaires ?

C'est dans ces circonstances que s'ouvrit à Montluçon, le 17 septembre 1898, le Congrès du Parti ouvrier français.

Par une résolution fortement motivée, il condamna l'antisémitisme comme une forme de la réaction cléricale, qui, « malgré toutes ses pétarades démagogiques, n'a jamais pu faire illusion à une fraction quelconque de la classe ouvrière consciemment organisée ». Il condamna le nationalisme « qui n'est pas même une rétrogradation, ne correspondant à aucun fait dans le passé..., qui est en contradiction avec toute la société moderne, essentiellement internationale dans sa production et ses échanges..., qui, ainsi convaincu de n'avoir ni passé ni présent, n'existe, d'une part, que comme un moyen de diviser et d'armer les uns contre les autres les travailleurs, dont l'affranchissement est subordonné à leur action internationale ; d'autre part, que comme un moyen pour la classe capitaliste de rançonner ses prétendus compatriotes ».

En même temps, le Congrès approuva un Projet d'unité socialiste ainsi conçu :

« I. — Entre le Parti ouvrier français, le Comité révolutionnaire central, la Fédération des travailleurs socialistes, le Parti ouvrier socialiste révolutionnaire et les socialistes dits indépendants, il est formé une union centrale sans que rien soit ou puisse être modifié dans le fonctionnement intérieur de ces diverses organisations, ni dans leur mode de propagande.

» Pour entrer dans cette union, les socialistes indépendants auront à s'entendre entre eux et à s'organiser sur la base du programme minimum, dit programme de Saint-Mandé.

» II. — L'organe représentatif de l'Union sera constitué par une délégation de chacune des cinq organisations sus-indiquées.

» Ces délégués dont le nombre, pour chaque organisation, sera proportionnel au chiffre des voix qu'elles a réunies sur ses candidats aux dernières élections législatives, auront à se réunir chaque fois qu'un des incidents de la lutte politique ou économique appellera une décision commune ou une action d'ensemble. »

Ce qui caractérisait donc le projet du Parti ouvrier, c'est tout d'abord que les organisations restaient intactes ; puis que l'union, loin d'être continue et organique, n'eût été que fortuite et accidentelle. Il faut ajouter que, par des résolutions d'ordre intérieur, le Congrès de Montluçon voulut fortifier encore la constitution centralisatrice du Parti ouvrier et accélérer le progrès de sa propagande particulière.

7e CONGRÈS DE LA FÉDÉRATION DES BOURSES, RENNES, 1898. — Ce Congrès se tint du 21 au 24 septembre. Douze Bourses seulement y étaient représentées directement.

Le Comité fédéral exposa quelle suite avait été donnée aux résolutions de Toulouse. Il exposa notamment un projet très complet touchant les secours de voyage aux ouvriers syndiqués (*viaticum*).

Les Bourses représentées, notamment celles de Paris, de Rennes, de Clermont-Ferrand et de Versailles, rendirent compte, dans de remarquables rapports, « de leur fonctionnement, des services créés par elles, des méthodes adoptées et des résultats obtenus ».

Mais le débat caractéristique fut consacré aux relations peu amicales qu'avait entretenues le Comité fédéral avec le Comité national corporatif. L'expérience avait montré que la constitution élaborée à Toulouse n'était pas viable. En effet, selon le Comité fédéral, « la cause du différend était moins le résultat de mesquines rivalités que la différence de degré dans le développement des deux organisations ». Dans ces circonstances, une seule solution restait ouverte : modifier une fois de plus les statuts de la Confédération du travail, les rédiger enfin dans la forme qu'avait toujours préconisée la Fédération des bourses, — laquelle n'avait obtenu, à Tours et à Toulouse, que des satisfactions partielles et insuffisantes. Il fut résolu que le Comité fédéral exposerait l'ultimatum de la Fédération des bourses au Congrès de la Confédération qui s'ouvrit, à Rennes également, le 25 septembre.

10e CONGRÈS CORPORATIF (4e DE LA CONFÉDÉRATION DU TRAVAIL), RENNES, 1898. — Le rapport du secrétaire confédéral, le citoyen Lagailse, fit le récit des multiples incidents survenus entre lui et le secrétaire fédéral, le citoyen Pelloutier. Le débat fut aigre et minutieux.

Tous les délégués reconnurent la nécessité de modifier les statuts. Mais dans quel sens? Accepterait-on le projet de la Fédération des bourses, qui demandait que la Confédération fût seulement le lien moral et théorique entre les Bourses fédérées et les Unions nationales de métiers ? Se constituerait-elle en dehors de la Fédération des bourses? Ce fut cette dernière solution qui prévalut. Les Bourses fédérées, les Unions de métiers confédérées redevinrent deux organismes distincts.

Cette séparation restait amicale. Le rapporteur, le citoyen Riom, s'exprima ainsi : « S'efforçant de faire cesser tout conflit... la Commission s'est inspirée de la nécessité de laisser dans leurs rôles respectifs distincts les deux formes du mouvement syndical : la forme professionnelle corporative, par la réunion des Fédérations de métier, sous le nom de Confédération ; la forme locale, administrative, par la Fédération des bourses du travail. » En conséquence, la Confédération n'admit plus (art. 3 des nouveaux statuts) que les Fédérations nationales, locales et départementales de métiers, et les Syndicats isolés dont les professions ne sont pas constituées en Fédérations nationales, ou dont les Fédérations refuseraient d'adhérer à la Confédération. Les Bourses du travail n'y étaient plus comprises. Mais le rapporteur ajoutait : « Sans considérer l'appoint de la Fédération des bourses comme nécessaire à la Confédération, la Commission admet que les deux organisations, tout en restant absolument autonomes, puissent se réunir par intermittence et dans les cas urgents lorsqu'elles en éprouveront le mutuel désir. »

Ces cas ne furent d'ailleurs prévus et réglés par aucun article des nouveaux statuts. Les deux organisations restaient donc entièrement distinctes, et le rêve de l'unification syndicale s'évanouissait une fois de plus. Mais précisément tous les délégués de Rennes semblaient convaincus que l'organisation syndicale doit être double, que « pour produire tout leur effet les Syndicats doivent être fédérés localement par les Bourses et nationalement par les Unions de métier ». Il valait donc mieux se séparer. Au moins se séparait-on sans hostilité et même sans violence et sans rancune. Une action commune, une propagande concertée restaient possibles. « La rivalité devait se transformer en émulation. »

Les principales questions traitées par le Congrès furent : la prud'homie, la coopération, la grève générale (le Comité corporatif de la grève générale s'étant réuni avec le Comité allemaniste, un débat s'éleva sur ce point), l'alcoolisme, — et enfin la création projetée d'un journal corporatif qui avait occupé déjà les Congrès de Tours et de Toulouse.

ANNÉE 1899

Les événements de cette année sont à la fois si graves et si proches de nous, qu'il est superflu de les relater dans leur détail et qu'il serait prématuré de formuler à leur égard des appréciations quelconques. Le président Félix Faure mourut. Paul Déroulède, le jour de ses obsèques, tenta l'entreprise avortée d'un Brumaire. Devant le danger du complot césarien et monarchiste, les cinq organisations socialistes (allemanistes, blanquistes, broussistes, guesdistes et indépendants) constituèrent un Comité d'entente où toutes cinq étaient également représentées. Un Congrès régional de la Fédération du Centre, tenu à Paris en avril-mai 1899, se déclara « résolu à maintenir la cordialité de relations qui, depuis la fondation de l'entente socialiste, existait entre les diverses organisations nationalement constituées ». C'était en effet un commencement d'union, accidentelle et précaire, mais amicale. Puis vinrent l'attentat d'Auteuil, la manifestation de Longchamp, où l'on vit se dresser d'un seul mouvement, devant la menace du coup de force, monarchiste ou plébiscitaire, le peuple socialiste de Paris. Après l'entente commune, c'était l'action commune.

Mais, en juin, le ministère Dupuy tombait, et M. Waldeck-Rousseau, chargé par le président

Loubet de constituer un cabinet « de défense républicaine », y faisait entrer côte à côte le général de Galliffet — dont le nom reste attaché à la répression sanglante de mai 1871 — et le député socialiste Millerand. Estimant « qu'il fallait avant tout arracher la République à la combinaison atroce et mortelle de la fourberie méliniste et de la dictature militaire à tenue déguisée sous le mensonge des formes légales », deux journaux socialistes, *La Petite République* avec Jean Jaurès, *La Lanterne* avec René Viviani prirent la défense du ministère Waldeck, qui, grâce au concours d'une partie des voix socialistes, conquit à la Chambre une majorité.

Le 25 juin les députés appartenant au Parti ouvrier français, au Parti socialiste révolutionnaire (Comité révolutionnaire central) et à l'Alliance communiste décidèrent de se retirer du groupe parlementaire l'*Union socialiste*. Le 14 juillet, les organes centraux de ces trois partis rendaient public un manifeste, adressé à la France ouvrière et socialiste, rappelant au nom de la lutte de classe que le parti socialiste ne pouvait, « sous peine de suicide, être ou devenir un parti ministériel ». Le manifeste rattachait d'ailleurs l'incident Millerand à l'ensemble de la tactique suivie depuis deux ans, dans l'affaire Dreyfus, par Jaurès et ses amis. « Il s'agissait d'en finir avec une politique prétendue socialiste, faite de compromissions et de déviations, que depuis trop longtemps on s'efforçait de substituer à la politique de classe...

La contradiction entre ces deux politiques devait infailliblement se manifester un jour ou l'autre. Et par l'entrée d'un socialiste dans un ministère Waldeck-Rousseau, la main dans la main du fusilleur de mai, elle s'est manifestée dans des conditions de gravité et de scandale telles qu'elle ne permettait plus aucun accord entre ceux qui avaient compromis l'honneur et les intérêts du socialisme et ceux qui ont charge de les défendre. »

Un tel désaccord ne pouvait, en l'état des choses, comporter ni conciliation ni sanction, puisqu'il n'existait, entre les partis socialistes provisoirement divisés (blanquistes et guesdistes d'une part ; allemanistes, broussistes et indépendants de l'autre), aucune organisation unitaire qui pût servir d'arbitre et de juge. Le Comité d'entente n'était qu'un rouage administratif, un rendez-vous de discussion et d'exécution, sans vie, sans pouvoirs propres. Et ainsi l'idée d'un Congrès général apparut avec une nécessité impérieuse. Dès le premier jour, c'est au Congrès national qu'en appela Jaurès, « au parti socialiste réuni en un Congrès national pour dégager sa méthode, préciser sa tactique, organiser son unité et apaiser de sa volonté souveraine les discordes des groupes et les rivalités des hommes. » — D'autre part n'était-il pas manifeste que, s'il eût existé au moment de la constitution du ministère Waldeck une constitution unitaire du parti socialiste, le cas Millerand ne se fût jamais produit? Qu'un socialiste dût ou non participer à un gouvernement bourgeois, c'était une question controversable. Le parti unifié l'eût tranchée souverainement. Il eût imposé à tous sa décision et sa discipline. Le Congrès paraissait donc également nécessaire pour juger le présent et pour organiser l'avenir.

D'ailleurs au sein même des trois partis qui avaient lancé le manifeste, s'accusaient de graves divisions intérieures. La presse socialiste, durant plusieurs semaines, se remplit de protestations, de rectifications, de désaveux.

Le 17 juillet, la Fédération des travailleurs socialistes publiait une déclaration par laquelle elle protestait « contre toute pensée, tout acte pouvant aboutir à la lutte fratricide », et demandait que tout sujet de discussion fût remis à l'examen d'un Congrès. La Fédération donnait, dès le lendemain, mandat formel à ses délégués au Comité d'entente « de prendre, pour atteindre ce but, les mesures et de faire les démarches nécessaires ». Le 21 juillet, les comités directeurs du Parti ouvrier, du Parti socialiste révolutionnaire et de l'Alliance communiste publiaient une réponse adressée au Comité national de la Fédération, et aux termes de laquelle leurs organisations respectives allaient être consultées sur le projet de convoquer à Paris, en septembre, « un Congrès général du socialisme... à l'effet de décider si la lutte de classe, qui est la base même du socialisme, permet l'entrée d'un socialiste dans un gouvernement bourgeois ». Dans le commencement d'août, la Confédération des indépendants et le Parti ouvrier socialiste révolutionnaire acceptaient également, en termes explicites, la convocation d'un Congrès général.

17° CONGRÈS DU PARTI OUVRIER FRANÇAIS, ÉPERNAY, 1899. — Le Congrès se tint du 13 au 16 août. Le Parti ouvrier n'était nullement unanime à approuver le manifeste du 14 juillet. Plusieurs délégués, et notamment le citoyen Delesalle, de Lille, appuyèrent la théorie de la participation des socialistes au pouvoir.

Après un débat qui dura « deux jours et deux nuits pour ainsi dire », le Congrès vota à l'unanimité la résolution suivante, qui affectait sans aucun doute un caractère transactionnel :

« Le Congrès, prenant acte de la déclaration du Conseil national, que dans son manifeste il n'a entendu viser ni excommunier personne, ainsi que des trop nombreuses déviations signalées par la grande majorité des délégués étant intervenus dans le débat, reconnaît :

» 1° Qu'en publiant le manifeste dans les conditions où il a paru, le Conseil national a usé du droit que lui conférait l'article 5 du règlement général du Parti[1] ;

» 2° Que, conformément aux décisions de tous nos Congrès précédents, il a rempli son devoir en rappelant la France ouvrière et socialiste à son véritable terrain, celui de la lutte de classe.

» Le Congrès rappelle :

» Que, par conquête des pouvoirs publics, le

1. « Le Congrès national veille à l'exécution des décisions des Conseils nationaux ».

Parti ouvrier français a toujours entendu l'expropriation politique de la classe capitaliste, que cette expropriation ait lieu pacifiquement ou violemment;

» Qu'elle ne laisse place, par suite, qu'à l'occupation des positions électives dont le Parti peut s'emparer au moyen de ses propres forces, c'est-à-dire des travailleurs organisés en parti de classe.

» Il laisse, pour l'avenir, au Conseil national le soin d'examiner, à l'occasion et selon les circonstances, si, sans quitter le terrain de la lutte de classe, d'autres positions peuvent être occupées ».

En ce qui touchait le Congrès général et l'unification socialiste, la résolution fut ainsi rédigée : « Le Congrès, désireux de réaliser la plus grande somme d'union entre socialistes, déclare se rallier à la proposition du Conseil national tendant à la convocation d'un Congrès général du socialisme français..., étant entendu que les organisations y seront représentées au prorata de leurs forces respectives.

» Le Congrès décide en outre :

» 1° Que le Parti ouvrier français est d'ores et déjà disposé à accepter la constitution d'un organisme central du moment qu'il y sera représenté proportionnellement à ses forces ;

» ... 2° Que la Commission permanente du Conseil aura à déterminer les conditions à remplir pour être, comme socialiste, admis au Congrès général, et à s'entendre avec les autres organisations pour que, en cas d'union ou d'unité socialiste, les journaux se réclamant du socialisme soient placés sous le contrôle direct de la représentation centrale du Parti ».

Le Congrès d'Epernay modifia la composition du Conseil national qui fut pour l'avenir constitué : 1° par une Commission permanente de onze membres nommée annuellement par le Congrès ; 2° un délégué par fédération ou agglomération départementale ou régionale choisi par sa fédération ou agglomération respective.

1er CONGRÈS GÉNÉRAL DES ORGANISATIONS SOCIALISTES FRANÇAISES, PARIS, 1899. — Le Comité d'entente, chargé de préparer le Congrès, eut par suite à régler sa loi électorale. Les organisations n'étaient nullement d'accord sur ce point. L'accord se fit néanmoins sur les principes suivants :

Le Congrès devait représenter l'ensemble des forces socialistes. Y seraient donc convoqués, non seulement les groupes politiques, mais aussi les groupes corporatifs. Une seule condition théorique était posée : l'adhésion préalable et écrite à la formule suivante : « Entente et action internationale des travailleurs ; organisation politique et économique du prolétariat en parti de classe pour la conquête du pouvoir et la socialisation des moyens de production et d'échange, c'est-à-dire la transformation de la société capitaliste en une société collectiviste ou communiste ».

Sous cette condition étaient admis : les groupes politiques adhérents à l'une des cinq organisations ou affiliés à une Fédération régionale ou départementale, les groupements syndicaux et les coopératives prévoyant dans leurs statuts une part de bénéfice affectée à la propagande socialiste.

Chaque groupe avait droit à un délégué. En outre, dans chaque circonscription électorale, l'ensemble des groupes appartenant à la même organisation avait droit à un, deux ou trois délégués, suivant le chiffre des voix obtenues aux dernières élections législatives (premier tour de scrutin).

Chaque délégué pouvait être porteur de cinq mandats au maximum. Il devait être voté par tête sur les questions d'organisation intérieure, et par mandats sur les questions de principe.

L'ordre du jour était ainsi conçu :

1° *La lutte des classes et la conquête des pouvoirs publics.*

a) Dans quelle mesure et conformément au principe de la lutte des classes, base de l'organisation du parti, celui-ci peut-il participer au pouvoir dans la commune, le département et l'État ?

b) Voies et moyens pour la conquête du pouvoir. Action politique (électorale et révolutionnaire). Action économique (grèves, grève générale, boycottage, etc.)

2° *De l'attitude à prendre par le Parti socialiste dans les conflits des diverses fractions bourgeoises.*

Lutte contre le militarisme, le cléricalisme, l'antisémitisme, le nationalisme, etc., etc.

———

3° *De l'unité socialiste; ses conditions théoriques et pratiques.*

Direction et contrôle par le parti des divers éléments d'action, de propagande et d'organisation.

Ce Congrès s'ouvrit le 3 décembre, au gymnase Japy, boulevard Voltaire. Il siégea jusqu'au 8 décembre.

Les débats prirent, dans l'ensemble, une importance et une ampleur vraiment magistrales. Mais, d'autre part, l'animosité des polémiques qui avaient précédé le Congrès, le grand nombre des délégués, leur émotion légitime devant la gravité des questions posées, provoquèrent de violents ou tristes incidents. (Validation des mandats. Discours Lafargue, le 4 décembre. Incident Joindy-Liebknecht, le lendemain. Incident Guesde-Jaurès dans la seconde séance du 6 décembre).

Le Congrès forma une commission de résolution, dont la composition, qui donna lieu à des discussions longtemps prolongées, fut finalement réglée par un accord transactionnel (proposition Jaurès-Walter). Puis le débat s'ouvrit sur la première branche de la première question. Jaurès prit le premier la parole. Le projet de résolution qu'il défendit reconnaissait que le prolétariat doit surtout s'appliquer à conquérir ceux des pouvoirs publics qui relèvent directement de l'élection. Le prolétariat doit aussi se mettre en garde contre les illusions que peut faire naître la participation d'un socialiste à un ministère bourgeois. Mais dans certains cas (crise grave menaçant les libertés publiques, réforme importante conduite à maturité par la propagande socialiste), il peut y avoir nécessité ou intérêt à ce que le Parti, pour une œuvre et dans des conditions déterminées, délègue un des siens au ministère. Il serait dangereux, par une décision que n'impose nullement le principe de la lutte de classe, de limiter la puissance d'action et de pénétration du prolétariat organisé, qui seul peut faire la révolution, qui seul aussi peut pratiquer des réformes efficaces. D'ailleurs, comme il n'y a pas de différence essentielle entre le pouvoir ministériel et, par exemple, le pouvoir municipal, Guesde et Vaillant ne condamnaient-ils pas par là même l'action politique et la conquête des pouvoirs publics ?

Les citoyens Révelin, Carnaud, Viviani, Salembier, Heppenheimer, Ponard, parlèrent dans le même sens; Briand imputa aux guesdistes la responsabilité de ces « déviations » qu'ils condamnaient; Albert Richard, Fabérot, Allemane firent un appel à la concorde. Ils affirmèrent que trop de place était donnée dans la propagande à l'action purement politique, mais que les militants, quand les libertés publiques sont en danger, doivent se ranger du côté des libertés publiques. Vaillant et Guesde répondirent que la lutte de classe interdisait d'une façon absolue la participation d'un socialiste à un gouvernement bourgeois. Autrement, le prolétariat en viendrait à confondre la politique de la classe ouvrière et celle du capitalisme ; il se trouverait désorienté, dispersé, et perdrait toute confiance dans le socialisme. D'autre part, il était inexact de comparer l'action ministérielle à l'action électorale. Là où l'on ne pénètre pas par la volonté ouvrière, par la force socialiste, mais par le consentement, sur l'invitation, dans l'intérêt de la classe capitaliste, le socialisme ne devait pas pénétrer. Un socialiste qui entre dans un ministère n'appartient plus au socialisme ; il ne représente plus que les intérêts capitalistes. Il engage sa responsabilité, ou même, dans la conception de Jaurès, celle du Parti dans tous les attentats du capitalisme contre le prolétariat ; il les autorise et les couvre par sa présence. En adoptant cette tactique, le socialisme détournerait de lui les travailleurs et recruterait pour l'anarchie... C'est dans cet esprit que parlèrent aussi Ebers, Lignères, Guyot, Zévaès, Létang et Maxence Roldes.

Sur la question de principe, la Commission des résolutions se trouva divisée (29 voix contre 28, 1 absent). Dans ces conditions, tous les commissaires, à l'exception des délégués du Parti socialiste révolutionnaire, se rallièrent à une motion transactionnelle présentée par le citoyen Delesalle, du Parti ouvrier français. Au nom de la minorité de la Commission, Landrin persista à soumettre au Congrès préalablement la question de principe. L'intervention des citoyens Constant et Jules Guesde, pour appuyer la proposition Landrin, provoqua des scènes passionnées.

Finalement, par 818 voix contre 634, le Congrès adopta tout d'abord l'amendement Guesde aux termes duquel la lutte de classe ne permet pas l'entrée d'un socialiste dans un gouvernement bourgeois ; puis, par 1.140 voix contre 240, les conclusions de la Commission, ainsi rédigées :

« Tout en admettant que des circonstances exceptionnelles peuvent se produire dans lesquelles le Parti aurait à examiner la question d'une participation socialiste à un gouvernement bourgeois, le Congrès socialiste déclare que, dans l'état actuel de la société capitaliste et du socialisme, tant en France qu'à l'étranger, toutes les forces du Parti doivent tendre à la conquête, dans la commune, le département et l'Etat, des seules fonctions électives, étant donné que ces positions dépendent du prolétariat organisé en parti de classe qui, en s'y installant avec ses propres forces, commence légalement et pacifiquement l'expropriation politique de la classe capitaliste qu'il aura à transformer en révolution ».

Sur la seconde branche de la première question (voies et moyens pour la conquête du pouvoir), après avoir entendu Briand, Fabérot, Dejeante qui défendirent la grève générale, et Delory qui en accepta le principe sous réserves, le Congrès décida, à l'unanimité moins deux voix, « que tous les moyens de propagande et d'action doivent être employés par le Parti socialiste : action économique, action électorale et révolutionnaire, grève générale, boycottage, etc.. »

La deuxième question donna lieu au vote, sans débat et à l'unanimité, de l'ordre du jour suivant : « Le Congrès flétrit les nationalistes et les antisémites et met les travailleurs en garde contre toutes les formes de la réaction ».

Après de nombreux discours, la Commission et le Congrès furent unanimes à adopter la résolution rapportée par le citoyen Dubreuilh.

Le Parti unifié se composait : 1° des cinq organisations nationales ; 2° des Fédérations régionales et départementales ; 3° des groupes isolés comptant au moins 50 membres, mais seulement s'il n'existait pas de Fédération dans leur département, et sous la condition d'instituer, dans le délai d'un an, une Fédération départementale ; 4° des Syndicats adhérant explicitement à la formule de convocation au Congrès ; 5° des coopératives adhérant à cette formule et consacrant à la propagande socialiste une part de leurs bénéfices.

Les organes du Parti étaient : un Congrès général annuel, un Comité général permanent où chacune des organisations représentées au Congrès élirait un délégué par 50 mandats. Les Fédérations départementales étaient à cet effet divisées en sept groupes.

La résolution organisait d'autre part le contrôle de la presse et des élus. Il devait être formé un groupe parlementaire unique.

ANNÉE 1900

Le statut constitutionnel voté au Congrès de Paris reçut son exécution. Un Comité général fut élu, formé au début de 48 membres. Mais les divisions qui s'étaient élevées sur le cas Millerand, sur la politique ministérielle, sur la tactique socialiste à l'égard des partis bourgeois ne s'en trouvèrent point effacées. A l'occasion d'une nouvelle loi sur la réglementation du travail, dite loi Millerand-Colliard, en janvier 1900, le Comité général et sa Commission de contrôle se partageaient successivement en deux fractions égales. En juin, se placèrent les graves incidents de Chalon-sur-Saône, l'interpellation Simyan, l'attitude prise, au cours d'une séance féconde en surprises, par un certain nombre de députés socialistes qui crurent devoir repousser une motion d'enquête parlementaire (motion Berthelot-Zévaès), et surtout « après avoir repoussé isolément l'amendement Massabuau (qui représente les doctrines socialistes comme un piège destiné à abuser les travailleurs), votèrent le même amendement dans un ordre du jour qui accordait leur confiance au gouvernement responsable ». — De là, au sein du Comité général, dans les réunions, dans la presse, d'acerbes débats et des polémiques qui affectèrent souvent une âpreté toute personnelle. Finalement, le Comité général vota un ordre du jour de désapprobation et décida, le 22 juin, de soumettre le cas au prochain Congrès « pour qu'il jugeât en dernier ressort et prît les mesures nécessaires pour assurer l'unité de vote des élus en ce qui concerne les principes et la politique générale du Parti socialiste ».

21 élus, dans un manifeste rendu public, protestèrent contre l'attitude prise à leur égard par le Comité général. Au reste, les rapports du groupe parlementaire avec le Comité général n'avaient, à aucun moment, pris le caractère d'une collaboration cordiale et d'une confiance réciproque.

8e CONGRÈS DE LA FÉDÉRATION DES BOURSES, PARIS, 1900. — 34 Bourses furent représentées à ce Congrès qui siégea du 5 au 8 septembre. Une question grave s'y posa : les Bourses adhéreraient-elles à la constitution nouvelle que venait de se donner le Parti socialiste ? se feraient-elles représenter au Comité général ? A l'unanimité, le Congrès, « considérant que toute immixtion de la Fédération des Bourses dans le domaine de la politique serait un sujet de division et détournerait certainement les organisations syndicales du seul but qu'elles doivent poursuivre : l'émancipation des travailleurs par les travailleurs eux-mêmes », décida qu'en aucun cas la Fédération ne devrait adhérer *à un groupement politique*.

De nouvelles propositions étaient venues de

la Confédération du travail qui demandait à nouveau l'adhésion de la Fédération des Bourses. Durant les deux années qui s'étaient écoulées depuis le Congrès de Rennes, « les événements avaient nécessité le concours des deux organisations, et elles se l'étaient mutuellement accordé ». L'Assemblée décida pourtant que ni le Comité fédéral, ni les Bourses prises individuellement n'entreraient dans la Confédération. Mais il fut résolu que les Bourses agiraient de toute leur influence auprès des Syndicats pour aider à l'organisation des Unions nationales de métiers.

Le Congrès vota de nouveau le principe, affirmé à Toulouse et à Rennes, d'un secours de voyage uniforme calculé d'après la distance kilométrique, et dont la dépense serait proportionnellement répartie sur l'ensemble des Bourses. Il approuva sous certaines réserves la création faite par le Comité fédéral, conformément à un vœu du Congrès de Toulouse, d'un « office national ouvrier de statistique et de placement ». Puis les délégués donnèrent de précieux renseignements sur les cours professionnels organisés par les Bourses, auxquels le Congrès décida d'adjoindre des cours populaires et un enseignement primaire.

Les circonstances politiques eurent leur écho dans le Congrès. On décida que « les jeunes travailleurs qui ont à subir l'encasernement devraient être mis en relation avec les secrétaires des Bourses du travail de la ville où ils seraient en garnison ». Et l'ordre du jour suivant fut voté, après un vif débat sur le ministère et sur le régime républicain : « Le Congrès constate que, sous le régime actuel, comme sous toute autre forme de gouvernement capitaliste, les ouvriers sont toujours victimes des fusillades. Il engage les organisations ouvrières à ne compter que sur elles-mêmes pour s'émanciper. »

11° CONGRÈS CORPORATIF (5° DE LA CONFÉDÉRATION DU TRAVAIL), PARIS, 1900. — Le Congrès de la Confédération se tint du 10 au 14 septembre. La question constitutionnelle s'y posa, comme à chacun des Congrès antérieurs.

La Confédération devait-elle admettre indifféremment les Fédérations de métiers et les Fédérations d'industries ? Son rôle n'était-il pas plutôt, comme l'avaient toujours prétendu les Bourses du travail, de réaliser en dehors d'elles la centralisation syndicale afin de ne grouper que le plus petit nombre possible de Syndicats nationaux ? 88 délégués affirmèrent que la Confédération devait, « là où il y a une Fédération d'industrie, ne pas créer une Fédération de métier ; .... engager les Fédérations de métiers d'une même industrie à constituer un lien qui les rattachât pour une action générale ». Mais 133 délégués votèrent un ordre du jour par lequel le Congrès, « affirmant qu'entière liberté doit être laissée à l'organisation ouvrière..., affirmait que les Fédérations d'industries et de métiers seraient admises à la Confédération ».

Le Congrès délibéra sur les marques de

reconnaissance syndicale (*label*), sur la prud'homie et le Conseil supérieur du travail récemment réorganisé par le ministre Millerand ; les débats sur la propagande agricole et sur les coopératives de production ou de consommation furent surtout dignes de remarque. Mais il faut noter particulièrement, comme le signe d'un changement profond dans l'état d'esprit des syndicaux, le débat qui s'engagea sur la grève générale. La grève générale, qui est la révolution économique, n'était plus conçue comme exclusive de la révolution politique, comme indépendante du mouvement politique et des circonstances. La grève générale avait été jadis comme le symbole de l'hostilité des syndicaux contre les « politiciens ». Mais au Congrès de Paris on ne vit plus en elle qu'une forme de la révolution comme toutes les autres, qui ne niait point les autres, qui dépendait plus spécialement des groupements économiques, mais que le Parti socialiste organisé pouvait aider à réaliser. « On tend, dit le citoyen Voillot, à ôter à la grève générale le sens exclusiviste qu'elle a eu jusqu'ici. Bien des fois ses militants repoussaient d'une façon absolue toute autre formule de propagande. Il n'en est plus ainsi, et c'est heureux pour la cause commune. » Le citoyen Riom ajoutait : « Les événements de cette petite période de quelques mois ont plus fait pour la propagation de l'idée de la grève générale que les 15 ans de propagande. » Et le Congrès adopta, sans opposition, un ordre du jour qui, par une formule nette et décisive, acclamait la grève générale comme « un des seuls moyens qui, dans le domaine économique, assurera l'émancipation des travailleurs, tout en n'excluant pas les moyens employés sur un autre terrain ».

18° CONGRÈS DU PARTI OUVRIER, IVRY, 1900. — Ce Congrès se tint à Ivry, les 20 et 21 septembre. Il s'appropria tout d'abord une déclaration du Comité national, qui, rappelant les multiples accidents de l'année, « arbitraire administratif, scandales judiciaires, brutalités policières et militaires, massacres de la Martinique et de Chalon », constatait que jamais démonstration plus éclatante n'avait été faite du caractère de classe — et de classe capitaliste — qui s'impose au gouvernement de l'État moderne, et que jamais, d'autre part, « terreur gouvernementale et patronale n'avait rencontré plus de complicité silencieuse ou active auprès de certains élus et de certains journaux se réclamant du socialisme qu'ils déshonorent ». En revanche, le Conseil et le Congrès enregistraient quelques faits réconfortants : la résistance des Syndicats à la loi Millerand-Colliard, d'autre part la conduite du Comité général, qui n'avait « pas tardé à réaliser dans son sein la véritable union socialiste » en laissant à d'autres la responsabilité de ladite loi et en condamnant les députés qui, le 15 juin, avaient « trahi la France ouvrière et renié les doctrines collectivistes présentées comme un piège à travailleurs ».

La déclaration se terminait ainsi : « Se rendant solidaire du Comité général, dans cette œuvre indispensable de salut socialiste, le Congrès se déclare prêt à poursuivre, avec tous les militants de toutes les organisations ouvrières et socialistes, l'unification de plus en plus complète de la force prolétarienne, condition et instrument de la Révolution nécessaire. »

En même temps, « pour répondre aux attaques de la presse de toute nuance, le Congrès, considérant le double jeu des journaux nationalistes et ministériels, qui, les uns par leurs éloges calculés et calomnieux, les autres par leurs attaques éhontées, poursuivent la même œuvre bourgeoise de division et de déconsidération du Parti, clouait au même pilori la *Libre Parole* et la *Petite République*, l'*Intransigeant* et l'*Eclair* ».

Puis le Congrès vota une résolution sur le socialisme communal qui se résumait dans la phrase suivante : « Il n'y a pas et ne peut y avoir de socialisme communal » par la raison que les municipalités sont prisonnières de leur milieu, que la transformation de certaines industries en services municipaux n'a pas par elle-même de caractère socialiste, que les améliorations de détail qui peuvent se réaliser dans la commune laissent subsister les classes et leur antagonisme. Il vota une résolution sur les *trusts* portant qu'aucun gouvernement ne saurait réagir contre le trust qui est un phénomène nécessaire, et que seule « la socialisation des moyens de production résoudra la question des trusts en n'en laissant subsister que les avantages ».

———

Quant au Congrès général qui allait s'ouvrir, et qui, dans les circonstances, devait fatalement décider, non plus l'entente précaire ou « l'union centrale » de 1899, mais soit le schisme, soit l'unité complète, le Congrès d'Ivry, à l'unanimité, proclama que le Parti ouvrier resterait fermement sur le terrain de la lutte de classe, et se déclara « prêt à faire l'union ou l'unité socialiste avec tous les socialistes révolutionnaires qui se refusent à toute collaboration avec la bourgeoisie ».

2e CONGRÈS GÉNÉRAL DES ORGANISATIONS SOCIALISTES FRANÇAISES, PARIS, 1900. — Le Congrès s'ouvrit à Paris, le vendredi 28 septembre, salle Wagram. Depuis le Congrès d'Ivry, s'était tenu dans la même salle le Congrès international.

Dès la première séance, le Congrès offrit un spectacle violent et passionné. Comme à Roanne, comme à Châteauroux, la constitution même de l'assemblée provoqua des incidents tumultueux. C'est au Comité général qu'avait été réservée la tâche d'organiser et de convoquer le Congrès. Or, la commission de vérification nommée par lui avait réservé un certain nombre de mandats. Le Congrès désigna pour les examiner une Commission nouvelle dont le rapporteur, Fribourg, s'appuyant sur la confusion ou même l'absence des dossiers, vint proposer la validation en bloc de tous les mandats douteux. De cette validation la majorité pouvait dépendre... Après un débat sur le fond, qui fut vif, le vote par mandats fut réclamé. Aux termes de la circulaire rédigée par le Comité général, le vote par mandats était de droit dès que demande en serait faite. Mais André Lefèvre, Briand, invoquant le précédent de 99, soutinrent que cette disposition ne pouvait s'appliquer qu'aux votes de principe et non aux questions d'organisation intérieure. Charnay appuya leur thèse, en se fondant sur la souveraineté du Congrès. Finalement, malgré les protestations des citoyens Vaillant et Perrin qui soutinrent qu'en refusant le vote par mandats, le Congrès violait en quelque sorte le pacte contractuel qui avait servi de base à sa convocation, le Congrès adopta la motion Briand, ainsi conçue : « Le Congrès, souverain pour régler la procédure d'admission des mandats, décide que, sur toutes les questions touchant les formalités préliminaires, le vote aura lieu par tête. » Le rapport Fribourg fut adopté à mains levées. Allemane fut nommé président définitif.

Le vote de la motion Briand, la validation des mandats contestés qui en fut la conséquence, enlevait, en raison de l'origine de ces mandats, toute chance de majorité au Parti ouvrier français et à ses alliés (Parti socialiste révolutionnaire, Alliance communiste, Fédérations du Haut-Rhin, du Doubs et de Saône-et-Loire). Dès le lendemain 29 septembre, ces organisations, par la voix des citoyens Dazet et Constant, firent entendre des protestations formelles. Elles prenaient acte de la motion Briand comme d'une violation du pacte conclu qui mutilait la représentation du Congrès et viciait d'avance ses résolutions. De ce moment, le Parti ouvrier observa dans les votes une abstention systématique et ses délégués évitèrent de prononcer le mot même de « Congrès ». Il faut noter pourtant que, après quelques hésitations, les délégués du Parti ouvrier prirent part au vote sur la motion Charnay, relative à l'abrogation des lois scélérates.

En cet état, on entendit les rapports des citoyens Dubreuilh, au nom du Comité général; Bracke, au nom de la Commission de contrôle; Andrieux, au nom de la Commission de propagande; Rouanet, au nom de la majorité du groupe parlementaire. Ces documents rappelaient, dans des intentions diverses, les graves incidents de l'année écoulée. Le dimanche 30 septembre, Briand répondit aux trois rapports émanés du Comité général et de ses commissions. Ce discours passionna les deux côtés de l'assemblée. Par de dures interruptions le citoyen Lafargue venait de provoquer d'acerbes répliques de l'orateur, quand soudain on vit, au pied de la tribune, le délégué Andrieux, au milieu des clameurs, montrant à ses amis sa main écorchée. Le tumulte interrompit le discours de Briand. Lucien Roland, guesdiste, proposa l'expulsion « du citoyen qui s'était permis de frapper un délégué ». — « La proposition, dit le compte-rendu, est repoussée. Violent tumulte. A gauche, cris répétés de : Assassin! Assassin! — Les membres du Parti ouvrier français sont tous debout, et quittent la salle... »

Qu'allait faire le Parti socialiste révolutionnaire? Landrin vint en son nom, appuyé par Jaurès, demander une suspension de séance. Après vingt minutes, la séance reprit. Les délégués du Parti socialiste révolutionnaire et de l'Alliance communiste étaient à leurs bancs.

Dans la seconde séance du 30 septembre, le Congrès épuisa son ordre du jour. Il fallait trancher une première question, soumise au Congrès par le Comité général lui-même : l'attitude des élus dans l'affaire de Chalon-sur-Saône. Le Congrès entendit Chalot et Journoud, de la Fédération de la Haute-Saône, qui demandèrent au Congrès de s'approprier l'ordre du jour du Comité général; Vaillant et Roldes qui appuyèrent cette motion, « laquelle ne comportait qu'une désapprobation juste et modérée sans *condamnation, ni flétrissure* » ; Viviani qui, tout en reconnaissant les fautes commises, prit la défense des élus; le député Renou, qui, fort de son vote personnel, prêcha la concorde et l'union. Plusieurs organisations présentèrent en réponse une proposition qui désapprouvait également les élus et l'auteur de la motion d'enquête, Zévaès, « pour ne pas s'être conformé aux décisions du Congrès de 1899 et du Comité général, lesquelles, en prévenant toutes surprises de ce genre, ont eu pour objet d'assurer l'unité de vote du groupe parlementaire ». Ces deux propositions furent repoussées, et le Congrès adopta successivement, en les incorporant l'un à l'autre, l'ordre du jour Turot : « Le Congrès, attendu qu'il résulte du débat que, si des tactiques différentes ont été suivies, tous les membres du Parti socialiste ont agi avec une entière bonne foi et avec la seule préoccupation de servir leur parti, passe à l'ordre du jour », et l'ordre du jour Vaillant : « Le Congrès, flétrissant les auteurs responsables des massacres de Chalon et leurs complices, passe à l'ordre du jour ». L'ensemble fut voté par acclamation à la presque unanimité.

Restait la résolution sur l'unité. Elle fut votée sans débat. La Commission désignée à cet effet avait été unanime, le Congrès le fut. L'expérience avait prouvé jusqu'à l'excès que de la demi-unité organisée en 1899 ne pouvait sortir une constitution viable. Marpaux l'avait prouvé, le 29 décembre, aux applaudissements de toute l'assemblée. Vaillant l'avait reconnu, tout en mettant le Congrès en garde contre l'excès du fédéralisme. Tous les délégués admettaient que l'union devait être organisée, non seulement entre les représentations centrales des partis, mais dans la région, dans le département, dans la commune. Mais cette constitution devait être longuement élaborée, et il fallait bien aussi, pour qu'elle reçût une exécution aisée, la faire accepter du Parti ouvrier français. La résolution proposée par la Commission était donc ainsi formulée :

« Le Congrès socialiste proclame que l'unité définitive et entière du Parti socialiste doit être réalisée dans le plus bref délai, afin que le prolétariat puisse opposer son unité de classe à tous ses adversaires.

» Le Congrès, affirmant, malgré des divisions

passagères, la permanence et la continuité d'action du Parti, décide qu'un nouveau Comité général sera constitué par une représentation proportionnelle des organisations actuellement existantes, selon le nombre de leurs mandats au présent Congrès.

» Le Congrès décide que le nouveau Comité général aura pour mandat essentiel de préparer un projet d'unification complète du parti et de le soumettre à un nouveau Congrès convoqué au plus tard dans six mois.

» Le Comité général devra ouvrir sans retard une consultation auprès de tous les groupements politiques et économiques du Parti sur le meilleur mode d'organisation et d'unification du Parti socialiste, et aussi sur le meilleur mode de convocation du prochain Congrès. »

***

Cependant les délégués du Parti ouvrier, réunis salle du Globe, puis salle Vantier, sous la présidence du citoyen Delory, votaient à l'unanimité les résolutions suivantes « appelées à réaliser à bref délai l'unité socialiste révolutionnaire ».

Ils expliquaient tout d'abord qu'en rompant « avec de prétendus camarades qui, après avoir piétiné sur les décisions du Comité général, dépouillé de toute représentation, au moyen du vote par tête, le plus grand nombre de ses organisations, validé tous les groupes fictifs, escroqué toutes les présidences... ont été jusqu'au guet-apens contre le rapporteur de la Commission de propagande... », le Parti ouvrier avait accompli son devoir envers le prolétariat conscient.

Puis les délégués décidaient :

1° D'approuver les rapports de Dubreuilh, Bracke et Andrieux.

2° De reprendre « le vote de désapprobation — ou de blâme » émis par le Comité général à l'égard de plusieurs élus socialistes.

3° « De réaliser entre tous les socialistes révolutionnaires non seulement l'union, mais l'unité, au moyen d'un nouveau Comité général ouvert à toutes les organisations inébranlables sur le terrain de la lutte de classes. »

Malgré toutes les réserves incluses dans cette dernière phrase, le Parti ouvrier, lui aussi, parlait donc non plus d'union, mais d'unité. En dépit des fautes, des rancunes, des violences, l'unité socialiste était en marche ..

CONGRÈS NATIONAUX OUVRIERS

1876. Paris (I).
1878. Lyon (II).
1879. Marseille (III).
1880. Le Havre (IV).

CONGRÈS MODÉRÉS

1881. Paris (V).
1882. Bordeaux (VI).

CONGRÈS SOCIALISTES

1881. Reims (V).
1882. St-Étienne (VI). — Roanne (VI).

CONGRÈS POSSIBILISTES

1883. Paris (VII).
1884. Rennes (VIII).
1887. Charleville (IX).
1890. Châtellerault (X).

CONGRÈS BROUSSISTES

1892. Paris (XI).
1894. Tours (XII).
1899. Paris (Conférence nationale).

CONGRÈS ALLEMANISTES

1891. Paris (X).
1892. St-Quentin (XI).
1894. Dijon (XII).
1895. Paris (XIII).
1896. Paris (XIV).
1897. Paris (XV).

CONGRÈS GUESDISTES

1884. Roubaix (VII).
1890. Lille (VIII).
1891. Lyon (IX).
1892. Marseille (X).
1893. Paris (XI).
1894. Nantes (XII).
1895. Romilly (XIII).
1896. Lille (XIV).
1897. Paris (XV).
1898. Montluçon (XVI).
1899. Épernay (XVII).
1900. Ivry (XVIII).

CONGRÈS GÉNÉRAUX DES ORGANISATIONS SOCIALISTES

1899. Paris (I).
1900. Paris (II).

CONGRÈS NATIONAUX DES SYNDICATS

1886. Lyon (I).
1887. Montluçon (II).
1888. Bordeaux-Le-Bouscat (III).
1890. Calais (IV).
1892. Marseille (V).
1894. Nantes (VI).

CONGRÈS NATIONAUX CORPORATIFS

1895. Limoges (VII. 1er de la Confédération du Travail.)
1896. Tours (VIII-II).
1897. Toulouse (IX-III).
1898. Rennes (X-IV).
1900. Paris (XI-V).

CONGRÈS DE LA FÉDÉRATION DES SYNDICATS

1895. Troyes (VII).

FÉDÉRATION DES BOURSES

1892. Saint-Étienne (I).
1893. Toulouse (II).
1894. Lyon (III).
1895. Nîmes (IV).
1896. Tours (V).
1897. Toulouse (VI).
1898. Rennes (VII).
1900. Paris (VIII).

ERRATUM DU PREMIER VOLUME

Page 42,	ligne 25,	*Dupré,* lire	*Dupire.*
43,	2,	*Dupré,*	*Dupire.*
63,	32,	*éloigna,*	*élagua.*
67,	5,	*Coué,*	*Coire.*
74,	32,	*au-dessous,*	*au-dessus.*
98,	8,	*dirigea,*	*rédigea.*

Ce volume a été composé et tiré par des ouvriers syndiqués.

Pithiviers, Imp. L. GAUTHIER.

www.ingramcontent.com/pod-product-compliance
Lightning Source LLC
LaVergne TN
LVHW020351230826
846091LV00003B/1059

* 9 7 8 2 0 1 6 1 4 5 3 4 0 *